东北全面振兴 辽宁三年行动研究丛书

辽宁省重点主题出版扶持项目

U0656865

擦亮维护国家 "五大安全"的产业底色

辽宁现代化产业体系建设的责任担当

汪旭晖 著

东北财经大学出版社
Dongbei University of Finance & Economics Press

大连

图书在版编目（CIP）数据

擦亮维护国家"五大安全"的产业底色：辽宁现代化产业体系建设的责任担当 / 汪旭晖著. —大连：东北财经大学出版社，2025.3（2025.4重印）. —（东北全面振兴·辽宁三年行动研究丛书）. —ISBN 978-7-5654-5586-5

Ⅰ. F127.31

中国国家版本馆CIP数据核字第20255CQ894号

东北财经大学出版社出版发行

　　大连市黑石礁尖山街217号　邮政编码　116025

　　网　　址：http：//www.dufep.cn

　　读者信箱：dufep@dufe.edu.cn

大连图腾彩色印刷有限公司印刷

幅面尺寸：170mm×240mm　字数：149千字　印张：11.5

2025年3月第1版　　　　　2025年4月第2次印刷

责任编辑：高　鹏　李翠梅　　责任校对：一　心
　　　　　田玉海　李　季

封面设计：张智波　　　　　　版式设计：原　皓

书号：ISBN 978-7-5654-5586-5

定价：59.00元

序　言

国之大者，政之要事。辽宁正在以"等不起的责任感、慢不得的紧迫感、坐不住的危机感、误不起的使命感"，全面落实党中央决策部署，凝聚全省奋进合力，努力打造新时代国家重大战略支撑地、重大技术创新策源地、具有国际竞争力的先进制造业新高地、现代化大农业发展先行地、高品质文体旅融合发展示范地、东北亚开放合作枢纽地，全力擘画中国式现代化辽宁篇章的宏伟蓝图。

朝斯夕斯，念兹在兹。习近平总书记始终对辽宁充满期待。党的十八大以来，习近平总书记多次赴辽宁考察调研。2025年1月，习近平总书记在辽宁考察时强调，希望辽宁在推动新时代东北全面振兴取得新突破上勇于争先，奋力谱写中国式现代化辽宁篇章。这既蕴含着习近平总书记的深远考量，又承载着党中央的殷殷重托，充分体现了辽宁特殊重要的地位作用。作为奋力谱写中国式现代化辽宁篇章的主要抓手，建立以维护国家"五大安全"为战略导向的现代化产业体系，是全省深入贯彻落实习近平总书记关于东北、辽宁全面振兴的重要讲话和重要指示精神，聚焦维护国家"五大安全"责任担当，进一步完善振兴发展思路，明晰实现全面振兴的任务举措，坚决打赢三年行动决胜之战，圆满完成"十四五"目标任务，加快推动辽宁全面振兴取得新突破，奋力谱写好中国式现代化辽宁篇章，为党和国家大局作出更大贡献的根本遵循。

磨砺以须,及锋而试。2023年2月,辽宁省委十三届五次全会审议通过了《辽宁全面振兴新突破三年行动方案(2023—2025年)》,既为坚决打好打赢新时代"辽沈战役"下达了动员令、任务书、作战图,也为实现全面振兴新突破提供了行动纲领。2024年,辽宁经济运行持续向好。全省地区生产总值增长了5.1%,固定资产投资增长了5.3%,社会消费品零售总额增长了4%,一般公共预算收入增长了5.5%,粮食产量突破了500亿斤大关,新增了专精特新"小巨人"企业34家,国家级制造业单项冠军8个,工业机器人产业入围全国质量强链十大标志性项目,在22个重点产业集群中,战略性新兴产业营业收入占比超过了1/3。尽管如此,辽宁仍面临如何充分发挥制度、区位、产业、科教、资源等比较优势,全力构建具有本省特色优势现代化产业体系,持之以恒做好产业结构调整"三篇大文章"的重大挑战。未来,辽宁应根据"因地制宜盘活优质存量资源、循序渐进发展增量资源"的总体思路,结合区域战略定位、市场竞争格局、产业发展基础等现实条件,加快构建以维护国家"五大安全"为导向的"46922+X"现代化产业体系。在"因地制宜盘活优质存量资源"中,扎实推进4个万亿级产业基地和22个重点产业集群;在"循序渐进发展增量资源"中,加快培育6个千亿级产业集群和9个关联性产业集群,超前布局X个未来产业。在"46922+X"现代化产业体系中,6个千亿级产业集群和9个关联性产业集群有机嵌入,既能拓展与维护国家"五大安全"相关的产业类别,又能提高4个万亿级产业基地和22个重点产业集群之间的产业链供应链依存度;X个未来产业能持续增强22个重点产业集群对传统产业转型升级的拉动作用。在此基础上,辽宁应始终坚持"帕累托改进"原则不动摇,正确处理好长期与短期、整体与局部、战略性新兴产业与传统产业、产业布局承载大型城市与资源枯竭型中小城市、公有制经济市场主体与非公有制经济市场主体之间复杂关系,进一步采取做大做强核心产业规模,动态优化区域产业布局,持续激发创新要素动能等关键性举措，切实将现代化产业体系打造成为推动辽宁全面振兴取得新突破，奋力谱写中国式现代化辽宁篇章的重要载体。

运筹帷幄，决胜千里。在省委坚强领导下，擦亮维护国家"五大安全"的产业底色，是辽宁立足实践之基、回答时代之问，立足产业之基、回答发展之问，高质量完成"十四五"规划和三年行动目标任务，实现"十五五"良好开局的重大战略抉择。

"长风破浪会有时，直挂云帆济沧海。"请始终坚信，辽宁挺起擦亮维护国家"五大安全"产业底色的"铁肩膀""硬脊梁"，必将为新时代东北全面振兴提供重要支撑，必将成为中国式现代化辽宁篇章的新亮点。

汪旭晖

2025 年 5 月

目　录

专栏目录

第1章
当前产业动态演变趋势对辽宁现代化产业体系建设的重要启示

当前，推动制造业本地化、抢占未来产业新赛道、推动绿色低碳转型、加快科技创新步伐成为全球产业链供应链价值重构的主要发展趋势。同时，我国东部地区、东北地区、中部地区、西部地区依托区域资源禀赋、产业发展、科技创新等比较优势，纷纷加快具有区域特色现代化产业体系的建设步伐。在此双重背景下，如何构建现代化产业体系已成为辽宁推动经济高质量发展的关键任务。2025年1月，习近平总书记赴辽宁考察时强调，辽宁工业体系比较完备，要统筹传统产业转型升级和战略性新兴产业培育壮大，加快建设现代化产业体系。①以美国、德国、日本、英国等为代表的发达国家通过大力发展制造业、加强国家战略科技力量建设等推动产业体系持续发展，以广东省、江苏省、浙江省、山东省等为代表的国内先进省份通过优化产业布局、加强市场主体培育等加快构建现代化产业体系，这些成功经验都为辽宁现代化产业体系建设指明了方向，并提供了战略指引。

---

① 新华网．习近平春节前夕赴辽宁看望慰问基层干部群众．［EB/OL］．［2025-01-24］．http：//www.xinhuanet.com/photo/20250124/d76c9c4ca9da4d509a230374159edfbe/c.html.

1.1 全球产业链供应链价值重构的发展态势

随着以人工智能、大数据、物联网和5G等技术为核心的第四次工业革命加速演进，技术的变革发展正在悄然打破全球经济平衡，推动着产业链供应链的价值重构。[1]在此背景下，全球产业发展迎来新一轮深刻变革，制造业本地化、布局未来产业、绿色低碳转型和科技创新成为全球产业链供应链价值重构的主要发展趋势。发达国家凭借其领先的技术优势和完善的制度体系，始终在全球产业链中占据重要地位。[2]课题组通过对发达国家产业发展经验的深入剖析，以期全面把握全球技术变革、产业演变和发展趋势的内在规律，从而为辽宁乃至全国应对全球技术之变、产业之变、趋势之变提供战略性指导（详见专栏1-1）。

专栏1-1 **全球产业链供应链演变的主要趋势**

● 制造业本地化：近年来，美国发布新版《国家先进制造业战略》，先后签署《基础设施投资和就业法案》《芯片与科学法案》《通胀削减法案》等法案，为基础设施、半导体、清洁能源等关键产业提供大量补贴，限制接受补贴的企业在美国之外新增投资，以吸引关键制造业回流美国。

● 布局未来产业：为赢得未来产业发展先机，世界主要国家和地区纷纷加强了对未来产业的谋划布局。欧盟为巩固和提升国际竞争力，相继在人工智能、量子技术、自动驾驶、生物科技、低碳技术、数字健康、氢技术、新一代通信、空天科技、纳米技术等领域布局。

---

[1] 王一鸣. 百年大变局、高质量发展与构建新发展格局 [J]. 管理世界，2020，36（12）：1-13.
[2] 中国社会科学院工业经济研究所课题组，曲永义. 产业链链长的理论内涵及其功能实现 [J]. 中国工业经济，2022（7）：5-24.

● 绿色低碳转型：在全球气候变化的严峻挑战下，可持续行动已成为推动全球经济绿色转型的关键力量。日本政府发布《绿色转型（GX）基本战略》用于推动低碳经济转型，促进可再生能源发展，对全球具有示范效应。欧盟发布《关键原材料法案》《净零工业法案》草案，旨在通过提升本土制造能力和多元化原材料来源，增强欧洲在绿色技术方面的竞争力。

● 科技持续创新：全球经济体正争先拥抱以人工智能、区块链、云计算、大数据、元宇宙等为代表的第三代互联网技术。德国政府实施"数字化战略2025"，推动数字技术在各行业的应用。英国通过"工业战略挑战基金"支持技术创新和产业发展。韩国政府将信息通信技术全面应用于城市规划，专心打造"智慧城市国家"。

资料来源：本课题组根据公开资料整理。

1.1.1 制造业本地化成为产业链供应链价值重构的显著特征

随着全球经济形势不断变化和产业链供应链风险加剧，制造业本地化已成为各国提升经济韧性和产业竞争力的战略选择以及应对全球经济不确定性、推动经济高质量发展的关键举措。[①]各国在新一轮的科技战略中纷纷体现出对制造业本地化发展的重视。欧美等发达国家为提高经济安全性与竞争力，不仅制定了鼓励制造业回归本土的政策，涵盖税收优惠、补贴、贸易保护措施以及对高科技制造业的专项资助；还大力推行再工业化战略，借助现代化技术和创新手段重振制造业。例如，美国出台《减税和就业法案》等政策，努力吸引先进制造业回流，减少对海外供应链的依赖；欧盟推出"欧洲工业战略"，积极推动制造业朝绿色化和数字化方向转型，进而提升本土制造业的竞争力与创新能力。发达国家采取一系列举措推动制造业"逆向回

---

① 渠慎宁，杨丹辉. 制造业本地化、技术反噬与经济"逆全球化"[J]. 中国工业经济，2022（6）：42-60.

流"（详见表1-1），既为本国经济发展注入新活力，也重塑了全球产业链格局，有助于其更好应对未来经济和政治挑战。

表1-1 　　　　　　　　　　　欧美制造业回流政策

地区	时间	政策	相关内容
美国	2009	《2009年美国复苏与再投资法》	批准美国开展大规模基础设施建设，间接拉动本国制造业发展
	2009	《重振美国制造业框架》	详细分析重振制造业的理论基础及优势
	2010	《制造业促进法案》	降低制造业企业成本，提高竞争力
	2014	《振兴美国制造业和创新法案》	正式确立了国家制造业创新网络计划的法律地位
	2018	《美国先进制造业领导力战略》	提出建立制造业创新生态系统，明确开发新技术
	2018	《减税和就业法案》	将美国企业所得税由全球征税制变为属地征税制，取消递延制，鼓励跨国公司将资金带回美国，服务美国再工业化投资
	2021	《关于确保未来由美国工人在美国制造的行政令》	要求美国政府最大限度使用美国生产的商品
	2021	《美国创新和竞争法案》	支持美国芯片产业发展
	2022	《芯片与科学法案》	聚焦芯片制造业，迫使制造业企业在中美之间站队，以阻止制造业外流
	2022	《通胀削减法案》	推动清洁能源技术的制造和应用，减少对外国供应链的依赖
欧盟	2020	《欧洲新工业战略》	提出以工业创新引领"双转型"，进而提升工业竞争力

续表

地区	时间	政策	相关内容
欧盟	2021	《更新 2020 年新产业战略：建设更强大的单一市场以促进欧洲复苏》	提出加强韧性和功能的措施，增强欧洲的战略自主性
	2022	《欧洲芯片法案》	通过增加半导体研发和生产的投资，确保欧盟在关键技术领域的自主性和安全性
英国	2017	《产业战略：建设适应未来的英国》	设立"工业战略挑战基金"与之配套，应对人工智能、清洁增长、未来交通运输和老龄化社会四大挑战
	2020	《绿色工业革命十点计划》	推动绿色能源发展
	2023	《先进制造业计划》	计划投资 45 亿英镑，进一步发展汽车、氢能、航空航天等战略性制造业

资料来源：本课题组根据公开资料整理。

1.1.2 布局未来产业成为产业链供应链价值重构的战略高地

未来产业是经济增长新动能的战略选择，未来产业作为高附加值、强带动性的前沿产业展现出巨大的市场潜力，正在成为全球经济增长的活跃力量。[①]近年来，多个国家和地区陆续颁布未来产业相关政策和提案，对未来产业的支撑框架和发展方向做出综合性战略部署（详见表 1-2）。例如，美国相继出台包括《美国国家科学委员会：2030 愿景》以及《关键和新兴技术清单》在内的一系列战略文件，针对未来产业及其细分赛道进行

---

① 肖兴志，王伊攀. 政府补贴与企业社会资本投资决策——来自战略性新兴产业的经验证据 [J]. 中国工业经济，2014（9）：148-160.

布局；德国围绕自身的工业4.0战略加强通用人工智能和先进制造业结合，以巩固其制造业地位；法国和日本结合各自需求，针对氢能源、机器人等领域出台一系列相关政策。[①] 从发展方向看，各国对未来产业的布局主要聚焦于智能、低碳、健康三大方向，其中智能集中体现在各国对量子信息科学、人工智能、先进通信技术、先进制造等前沿技术和产业领域的部署；低碳涵盖以氢能为代表的新能源技术创新、低碳工业、绿色交通等领域；健康主要体现在生物技术创新能力的提升和未来健康产业的发展。

表1-2　　　　　　　　　　各国未来产业战略布局

地区	未来产业	战略举措
美国	第三代半导体	通过"CHIPS for America Act"，美国政府计划投资520亿美元用于推动国内半导体制造和研发，包括第三代半导体技术
	量子信息科学	实施"量子国家计划"（National Quantum Initiative Act），通过设立国家量子信息科学研究中心，推动量子计算、量子通信和量子测量的研究和应用
	基因与生物技术	通过"精准医学计划"（Precision Medicine Initiative），推动基因组学、个性化医疗和基因治疗的发展
	深海空天开发	实施"阿尔忒弥斯计划"（Artemis Program），计划在2024年将宇航员送回月球，并推进火星探测任务
	人工智能	实施"AI国家战略"（National AI Initiative Act），通过DARPA和NSF等机构支持AI基础研究和应用，推动AI在国防、医疗和交通等领域的应用

[①]　芮明杰. 构建现代产业体系的战略思路、目标与路径 [J]. 中国工业经济，2018（9）：24-40.

续表

地区	未来产业	战略举措
美国	先进制造	实施"先进制造伙伴计划"（Advanced Manufacturing Partnership），推动智能制造、增材制造（3D打印）和工业机器人的发展
	先进通信网络	通过"5G FAST计划"，推动5G网络的建设和商用化，同时进行6G技术的前瞻性研究
欧盟	第三代半导体	支持GaN（Gallium Nitride）和SiC（Silicon Carbide）技术的研发，推动欧洲半导体产业的自主和创新
	量子信息科学	启动"量子旗舰计划"（Quantum Flagship），投入超过10亿欧元，支持量子计算、量子模拟、量子通信和量子传感技术的发展
	前沿战略材料	通过"未来及新兴技术计划"（Future and Emerging Technologies，FET），支持超导材料、纳米材料和智能材料的研究和产业化
	基因与生物技术	实施"欧洲生物经济战略"（Bioeconomy Strategy），促进基因技术和生物经济的发展
	深海空天开发	通过"哥白尼计划"（Copernicus Programme）和"伽利略计划"（Galileo Programme），发展地球观测和导航卫星技术，提升空间能力
	人工智能	发布"人工智能白皮书"（White Paper on AI），提出一系列政策和措施，支持AI技术的发展和应用，确保AI技术的伦理和法律规范
	先进制造	通过"工业5.0"战略，推动智能制造系统和工业互联网的发展，提高制造业的自动化和数字化水平
	先进通信网络	实施"5G行动计划"，推动5G网络在欧洲的快速部署，同时进行6G技术的研究和开发

续表

地区	未来产业	战略举措
日本	第三代半导体	实施"日本半导体战略",在 GaN 和 SiC 领域进行重点投资,促进国内企业与大学和研究机构的合作
	量子信息科学	实施"量子技术创新战略",设立国家级量子研究中心,推动量子计算和量子通信的研发和应用
	前沿战略材料	通过"战略材料研发计划",重点支持超导材料、纳米材料和智能材料的研究和产业化
	基因与生物技术	实施"再生医疗和基因治疗计划",推动基因编辑和再生医疗技术的发展,改善公共健康
	深海空天开发	通过《海洋基本计划》和《宇宙基本计划》,推进深海资源和空间资源的开发利用
	人工智能	实施"社会5.0"构想,促进人工智能在社会各个领域的广泛应用,提高社会整体智能化水平
	先进制造	推出"机器人革命"倡议,推动制造业自动化和智能化

资料来源:本课题组根据公开资料整理。

1.1.3 绿色低碳转型成为产业链供应链价值重构的必然要求

国际社会在应对气候变化、推动可持续发展方面达成了广泛共识,通过《巴黎协定》等国际协议,明确了全球碳减排的目标和路径。[1]随着全球碳中和倡议的不断推进与落实,各国政府对绿色低碳发展的投入持续加强,绿色产业的发展规模进一步扩大,其中光伏、生物质能、风能、潮汐能、氢能等新能源产业发展迅速。[2]产业绿色低碳转型既是应对气候变化的必然要

---

① 张希良,黄晓丹,张达,等. 碳中和目标下的能源经济转型路径与政策研究 [J]. 管理世界,2022,38 (1):35-66.

② 段巍,王明,吴福象. 能源结构、特高压输电与中国产业布局演变 [J]. 中国工业经济,2022 (5):62-80.

求，也是推动经济高质量发展的重要途径。[①]世界主要国家已在绿色低碳转型领域开启了一场科技、标准、产业政策、治理机制的全方位竞争。[②]各国政府通过制定环境法规、提供财政补贴和税收优惠等方式，大力推动绿色技术创新，进而加快了产业绿色低碳转型的步伐（详见表1-3）。这些政策和措施不仅促进了绿色产业的蓬勃发展，还带动了传统产业的绿色转型，进而推动了全球经济的结构性变革。

表1-3   各国新能源产业发展举措

产业	国家	举措
光伏	中国	通过"光伏扶贫工程"和"光伏领跑者计划"，大力推动光伏发电的发展，并成为全球最大的光伏装机国
	德国	《可再生能源法》（EEG）提供了强有力的财政支持和固定电价补贴，推动了光伏产业的快速发展
	美国	通过"太阳能未来计划"（SunShot Initiative），致力于降低太阳能成本，推动光伏技术的商业化应用
生物质能	巴西	实施"生物燃料政策"，大力发展甘蔗乙醇生产，成为全球最大的生物燃料生产国之一
	美国	通过"可再生燃料标准"（RFS）推动生物燃料生产，减少对化石燃料的依赖
	英国	发布生物质战略，明确优先事项与应用场景，大力推动生物质能源发展，重视可持续能源利用
风能	中国	实施"风电三北规划"，在西北、华北和东北地区大规模建设风电场，推动风电装机容量全球领先
	丹麦	通过能源协议，大力发展海上风电，计划到2030年使风能发电量占全国电力需求的一半以上
	美国	推动内陆和海上风电场建设，目标是大幅提高风能在电力供应中的比例

① 马涛，东艳，苏庆义，等. 工业增长与低碳双重约束下的产业发展及减排路径 [J]. 世界经济，2011，34（8）：19-43.
② 王明辉. 把握全球产业链供应链新态势 [N]. 经济日报，2023-07-27（10）.

续表

产业	国家	举措
氢能	日本	实施"氢能社会战略",推动氢燃料电池车和氢能基础设施建设,计划到2030年实现大规模氢能应用
	德国	发布"国家氢能战略",通过财政支持和政策激励,促进绿氢生产和氢能技术的发展
	澳大利亚	通过"国家氢能路线图",大力投资氢能项目,目标是成为全球主要的氢能出口国
潮汐能	英国	实施"潮汐泻湖计划",在多个沿海地区建设潮汐能发电项目,开发利用海洋能资源
	韩国	建设世界上最大的潮汐能发电站——西海潮汐发电站,推进海洋能的开发利用
	加拿大	通过《海洋可再生能源法案》,支持潮汐能和波浪能项目的研发和商业化应用

资料来源:本课题组根据公开资料整理。

1.1.4 科技持续创新成为产业链供应链价值重构的重要支撑

科技创新是发展新质生产力的核心要素,能够催生新产业、新模式、新动能。[1]为此,各国纷纷加大在科技领域的投入,通过设立专项基金、组建研究机构等方式,支持基础研究和应用研究的协同发展,为未来的科技突破和经济发展筑牢坚实的根基。[2]这种战略性投入不仅有利于增强国家的科技实力,更有利于解决重大社会和经济问题,进而提升国际竞争力。世界知识产权组织(World Intellectual Property Organization,WIPO)于2024年9月发

---

[1] 人民日报评论员. 扎实推动科技创新和产业创新深度融合——论学习贯彻近平总书记在全国科技大会、国家科学技术奖励大会、两院院士大会上重要讲话 [N]. 人民日报,2024-06-28(1).

[2] 江小涓,孟丽君. 内循环为主、外循环赋能与更高水平双循环——国际经验与中国实践 [J]. 管理世界,2021,37(1):1-19.

布的《2024 年全球创新指数报告》显示，全球创新投入不断提升，整体呈现以欧洲和美国为代表的发达国家领跑全球，亚洲国家和地区加速崛起的新格局（详见表 1-4）。美国在科技创新领域处于全球领先地位，主要通过"国家科学基金会"（National Science Foundation，NSF）和"国防高级研究计划局"（Defense Advanced Research Projects Agency，DARPA）等机构支持前沿科技研发。欧盟借助"地平线 2020"（Horizon 2020）和"地平线欧洲"（Horizon Europe）计划，推动成员国间的科技合作和创新。近年来，中国在科技创新方面的投入显著增加。2024 年我国研发经费投入达 36 130 亿元，比上年增长 8.3%，研发投入规模稳居世界第二，这有助于更好地搭建科技平台，助力创新链和产业链无缝对接。

表1-4 全球创新指数排名

国家和地区	全球创新指数排名（2024）	国家和地区	全球创新指数排名（2024）
瑞士	1	中国	11
瑞典	2	法国	12
美国	3	日本	13
新加坡	4	加拿大	14
英国	5	以色列	15
韩国	6	爱沙尼亚	16
芬兰	7	奥地利	17
荷兰	8	中国香港	18
德国	9	爱尔兰	19
丹麦	10	卢森堡	20

资料来源：《2024年全球创新指数报告》。

1.2　我国现代化产业体系建设呈现区域差异化的重要特征

构建现代化产业体系已成为推动各地区高质量发展的关键引擎。[①]随着我国经济发展进入新阶段，现代化产业体系建设在不同区域展现出鲜明的差异化特征。东部地区凭借强大的研发创新能力与较高的人力资本水平，加快建设以科技创新为引领的现代化产业体系。东北地区以维护国家"五大安全"为指引，着力推进相关产业布局，加快构建现代化产业体系。中部地区依靠雄厚的工业发展基础，着力提升产业基础能力和产业链现代化水平。西部地区通过立足现有基础和放大特色资源优势，加快产业转型升级，推进产业基础高级化、产业链现代化。在这一背景下，深入分析我国各地区现代化产业体系建设的典型特征和经验，将有助于辽宁进一步明确产业发展方向与路径，从而加快现代化产业体系建设，实现与中国式现代化总体目标及实施步骤的有效衔接。

1.2.1　东部地区侧重布局未来产业和战略性新兴产业

战略性新兴产业和未来产业是构建现代化产业体系的关键，是生成和发展新质生产力的主阵地。[②]当前，我国东部地区立足资源禀赋、产业基础和创新要素集聚优势，推动创新链产业链深度耦合，统筹布局新兴产业和未来产业，已初步形成以长三角、环渤海、珠三角等为核心的产业集聚区发展格局。长三角地区在新一代信息技术、高端装备、新材料与新能源等领域拥有一批实力较强的龙头企业，产业体系完备，产业基础雄厚。环渤海地区凭借大院大所集聚等优势，在新一代信息技术、生物、航空航天、节能环保等领

---

① 周密，郭佳宏，王威华. 新质生产力导向下数字产业赋能现代化产业体系研究——基于补点、建链、固网三位一体的视角 [J]. 管理世界，2024，40（7）：1-26.
② 刘伟. 科学认识与切实发展新质生产力 [J]. 经济研究，2024，59（3）：4-11.

域打造出若干影响力较大的产业集聚区，已成为全国未来产业和战略性新兴产业发展的策源地。以广东省为核心的珠三角地区，移动互联网、新能源汽车、生物、数字创意等产业蓬勃发展，大量新技术、新业态、新产业快速兴起。其中，广东省以20个战略性产业集群和5个未来产业集群为主轴，加快建设以科技创新为引领的现代化产业体系，努力在6G、人工智能、低空经济、量子科技、生命科学等未来产业下好先手棋、构筑新优势（详见专栏1-2）。

专栏1-2   主要省份现代化产业体系的主要类型

● 江苏省：以智能制造、高端设备、生物医药、新材料等战略性新兴产业为主导，同时大力发展现代服务业，推动数字经济与实体经济深度融合。通过建设一批具有国际竞争力的先进制造业集群，江苏省正加速向全球价值链中高端攀升。

● 广东省：始终坚持以制造业立省，更加重视发展实体经济，加快产业转型升级，推进产业基础高级化、产业链现代化，以20个战略性产业集群（10个战略性支柱产业+10个战略性新兴产业）和5个未来产业集群为主轴，加快建设以科技创新为引领的现代化产业体系。

● 浙江省：大力实施"415X"先进制造业集群培育和服务业高质量发展"百千万"工程（4个万亿级世界级先进产业群，15个千亿级先进特色产业集群，若干高成长性百亿级"新星"产业群），扎实推进新型工业化，加快打造数字经济高质量发展强省、现代服务业强省，建设全球先进制造业基地。

资料来源：本课题组根据公开资料整理。

1.2.2　东北地区侧重布局"五大安全"相关产业

东北地区是我国重要的工业和农业基地，维护国防安全、粮食安全、生态安全、能源安全、产业安全的战略地位十分重要。近年来，东北地区积极响应国家战略部署，围绕维护国家"五大安全"着力推进相关产业布局，加快构建现代化产业体系。东北地区依托强大的工业基础，重点发展国防科技、航空航天、军工装备制造等领域，已形成以沈阳、长春、哈尔滨等城市为核心的航空航天产业集群。其中，哈尔滨航空集群和沈阳航空集群成功入选2024年国家先进制造业集群榜单，有力维护国防安全。同时，凭借强大制造业基础，东北地区加快高端装备制造、智能化制造、集成电路、新能源汽车、生物医药等产业布局，为维护国家产业安全提供了坚实保障。为保障粮食供应安全，东北地区围绕提高粮食产能目标，深入实施"藏粮于地、藏粮于技"战略，加大农业现代化建设力度。例如，吉林省大力推进玉米水稻、杂粮杂豆、果蔬等"十大产业集群"建设，已创建国家级现代农业产业园9个、优势特色产业集群5个、农业产业强镇38个。作为风能、光能富集地区，东北地区围绕资源优势加速布局清洁能源以保障能源和生态安全。辽宁省沈阳市正在加速形成辐射东北三省的新能源新兴产业集群；在风电技术方面，哈尔滨电气、东方电气、沈阳机床等企业具备较强的自主研发能力，技术水平已达到国际先进水平，为保障国家能源和生态安全提供了持续动力。

1.2.3 中部地区侧重布局传统优势产业

中部地区的比较优势在于传统制造业。近年来，中部地区紧扣高质量发展要求，以科技创新推动产业创新，以先进制造业为支撑全面推进现代化产业体系建设。湖北省以"中国光谷"为代表的光电子信息产业正迅速向万亿级规模目标冲刺，光芯屏端网、汽车制造与服务、大健康三大产业有望达到万亿规模；湖南省则聚焦长沙工程机械、株洲轨道交通装备、长沙新一代自主安全计算系统、株洲中小航空发动机等优势产业，培育壮大集群优质产业，已形成3个万亿级企业、16个千亿级产业，拥有4个国家先进制造业集群；安徽省新能源汽车产业集群初具规模，量子技术、集成电路产业基础雄厚，家电轻工业在全国已具优势，"中国声谷"的产业聚集效应日益显现；江西省正向世界级有色金属、稀土新材料发展高地迈进，逐步形成以电子信息、有色金属为代表的万亿级支柱产业体系；山西省实现从传统原材料和能源大省向特钢材料、高端碳纤维、高铁轮轴等新材料制造强省转变，发展潜力巨大。

1.2.4 西部地区侧重布局特色优势产业

习近平总书记在主持召开新时代推动西部大开发座谈会时强调，要坚持把发展特色优势产业作为主攻方向，因地制宜发展新兴产业，加快西部地区产业转型升级。西部地区凭借丰富的资源优势，依托其独特的地理位置、自然资源和人文环境，近年来大力发展以高新技术、新能源、生态、文化旅游等为主导的现代产业。[①]例如，新疆地区加快打造油气生产加工、煤炭清洁高效利用、新型电力系统、绿色矿业及加工、先进制造和新材料等战略性新兴产业集群，推动粮食和食品加工、棉花和纺织服装、绿色畜牧产品和优质果蔬、文化和旅游、现代物流等"十大产业集群"建设，旨在全面构建具有新疆特色的现代化产业体系。甘肃省围绕"一核三带"区域发展新格局，持续推进"强龙头、补链条、聚集群"，初步形成功能定位清晰、区域特色产业相互补充、产业发展与资源环境相协调的现代化产业体系。尤其在冶金有色产业方面，甘肃省依托冶金有色产业资源优势和技术基础，加快建设金昌国家有色金属产业基地、兰白有色金属产业基地和嘉峪关有色产业精深加工基地，形成兰州、白银、金昌和嘉峪关等区域协同发展的产业格局，金白兰武有色金属集群成功入选2024年国家先进制造业集群榜单。

---

① 王燕，刘晗，赵连明，等. 乡村振兴战略下西部地区农业科技协同创新模式选择与实现路径［J］. 管理世界，2018，34（6）：12-23.

1.3　全球及区域产业发展态势对辽宁的重要启示

在经济全球化的背景下，产业发展格局正在经历深刻变革。发达国家和我国先进省份根据自身优势及发展需求，逐渐形成各具特色的产业布局与差异化的竞争优势。通过洞察全球及区域产业发展态势，辽宁能够在新一轮的产业竞争中占据有利位置，实现可持续发展。

1.3.1　全球层面的重要启示

在总结全球产业链供应链价值重构的发展态势基础上，课题组基于2024年全球各国GDP排名，选取了排名靠前的几个国家——美国、德国、日本、英国、法国，通过深入分析并总结这些国家从传统产业向现代产业转型过程中积累的典型经验，旨在为辽宁厘清现代化产业体系建设的未来发展方向，提供有益的借鉴与启示。具体总结如下：

一是必须坚持发展以制造业为核心的实体经济。制造业是国际竞争的焦点，是创新的源泉[①]，能够带动产业链上下游的发展，并在技术创新、稳定就业方面发挥关键作用。美国聚焦集成电路、智能制造、先进材料等关键领域，实现制造业回流与振兴；德国着力打造自动化、信息化、智慧化的智能制造工业4.0范式，以建立和扩大德国智能制造技术的先发优势和世界影响力。辽宁在借鉴这些经验的基础上，应厘清先进制造业高质量发展的基本思路，加强国内外形势研判和全局性顶层设计。具体而言，辽宁应明确先进制造业重点方向，优化制造业结构，重点支持高附加值的高端制造产业发展，吸引社会资本流入先进制造领域。积极发展和布局高端装备制造、半导体与集成电路、激光与增材制造、区块链与量子信息、精密仪器设备等战略性新

---

① 许召元. 把握主导产业发展趋势与方向［N］. 经济日报，2023-05-23（10）.

兴产业和未来产业。此外，辽宁应妥善处理好实体经济与虚拟经济之间的关系，坚决防止因过度依赖虚拟经济而引发实体经济空心化问题。虚拟经济一旦过度发展，极有可能会对实体经济造成强烈冲击。①因此，辽宁省应积极推动虚拟经济更好地服务实体经济，助力制造业企业实现技术升级与市场扩展。

二是必须坚持提升产业链供应链自主可控能力。在全球产业竞争格局下，产业关键技术的突破无疑是赢得未来竞争的核心要素。②通过对标美国推进技术甄别、研发提案、招标遴选、技术开发和成果转化等创新链条各环节以及法国搭建公共技术服务平台向工业企业提供自动化生产技术和尖端数字技术等成功做法，辽宁应当加大政策倾斜力度，全力提升基础研究向关键技术的转化能力，积极鼓励新技术、新专利、新知识的创新与应用，不断完善知识产权保护制度，切实增强产业链供应链自主可控能力。首先，应加大对基础研究的投入力度③，大力支持高校和科研机构在前沿科技领域的深入探索，通过设立专项基金和科研项目，有力推动基础研究成果向应用技术的高效转化，特别是在半导体、人工智能、新材料和生物技术等关键领域实现重大突破。其次，应鼓励企业进行技术创新与研发投入，为其提供税收优惠、财政补贴等政策支持，推动企业成为技术创新的主体。通过政府与企业的协同合作，构建以企业为核心的创新体系，有效促进技术进步与产业升级。同时，还应完善知识产权保护制度，进一步健全知识产权保护条例，严厉打击侵权行为，切实保护创新者的合法权益，充分激发企业和个人的创新活力。最后，应加强国际科技合作与交流，通过与发达国家和新兴经济体的技术合作，共同攻克关键技术难题，推动辽宁产业链和创新链深度融合。

三是必须坚持加强国家战略科技力量建设。国家战略科技力量对于国家

---

① 胡立君，薛福根，王宇. 后工业化阶段的产业空心化机理及治理——以日本和美国为例 [J]. 中国工业经济，2013（8）：122-134.
② 闫冰倩，田开兰. 全球价值链分工下产业布局演变对中国增加值和就业的影响研究 [J]. 中国工业经济，2020（12）：121-139.
③ 曲大成. 大力加强基础科学研究 [J]. 红旗文稿，2023（8）：37-40.

安全和核心竞争力具有全局性、决定性、深远性影响。法国以各地公立科研机构和高校为核心，联合私营科研机构、科技企业、高科技园区共同组成了法国国家战略科技力量。英国聚焦国家战略技术领域，建设一批研究理事会研究机构。基于此，辽宁一方面应加快完善战略科技力量体系，发挥政府的牵头、引导和支持作用，联合多部门及专家制定发布具有前瞻性和战略性的科技发展规划，动态更新技术清单，明确关键技术领域、发展目标和战略举措。另一方面，应优化战略科技主体定位和力量布局，全面统筹国家实验室、高水平研究型大学、科技创新领军企业等战略科技力量的发展。国家实验室应发挥龙头引领作用，促进与各类战略科技力量的协同创新；高水平研究型大学应聚焦基础研究和前沿交叉领域，开展高风险、高价值基础研究，成为基础研究的主力军和重大科技突破的策源地；科技领军企业应以创造经济价值为核心，努力成为产业技术创新的引领者。

四是必须坚持提供多元化金融服务。第四次工业革命到来将从根本上改变全球产业的发展形态，这就要求加快构建多层次和可持续化的金融服务新模式，促进金融和产业深度融合以实现产业价值链攀升。借鉴美国提供多层次的资本市场融资支持及全周期金融增值服务以及日本提供完备银行贷款体系和政策性金融支持等发展经验，辽宁一方面应发挥政府引导功能，细化金融支持产业高质量发展的前瞻性规划、指导性行动方案等，加快设立产业投资基金，提升金融供给质效。另一方面，应加快金融产品服务创新，通过完善政策性金融服务，引导政策性金融机构与地方政府和行业部门合作，共同促进现代化产业体系高质量发展。同时，加强金融全生命周期服务，鼓励银行机构根据企业不同生命周期特点，创新服务方案，深挖企业无形资产、数据资源，丰富担保方式和抵质押品范围，优化金融服务质效。此外，辽宁还应加快拓宽企业融资渠道，鼓励风险投资和私募股权投资参与投资先进制造业项目，扩大企业债券融资规模，从而推动科技、产业、金融的良性循环。

1.3.2 区域层面的重要启示

在梳理我国各地区建设现代化产业体系典型特征的基础上，课题组基于2024年各地区生产总值排名，选取了在经济总量和工业规模方面稳居全国前列的广东省、江苏省、浙江省、山东省四个省份，上述省份在推动现代化产业体系建设方面为辽宁省提供了诸多可供借鉴的宝贵经验，具体如下：

一是坚持发挥制度政策对现代化产业体系的支撑作用。广东省、江苏省、浙江省、山东省四省深入贯彻落实党中央、国务院大力建设现代化产业体系的重大战略部署，统筹推进制度体系建设，依据本省产业特色，持续打造具有较强适应性的制度体系和产业发展生态，形成以制度政策支撑现代化产业体系发展为导向的发展新模式。广东省以20个战略性产业集群和5个未来产业集群为主轴，持续加大政策供给和要素保障力度。江苏省聚焦"1650"产业体系建设，加快建立"六个一"工作推进机制，制定针对性工作举措，进而实施新一轮产业强链行动。同时，锚定高端化、智能化、绿色化发展方向，制定了设备购置与更新改造贷款贴息、企业高风险老旧装置更新改造等一揽子政策措施，支持引导企业转型升级。浙江省通过构建"8个政策包+4张要素保障清单"的制度框架，加大财政资金力度，推动体系融合，形成合力，确保政策的一致性和高效执行。山东省在推进现代化产业体系建设中注重发挥数字经济的引领作用，通过在加强数字基础设施建设、推动数据资源开放共享、培育数字经济新业态等方面实施一系列保障政策，完善要素保障机制，促进了数字经济与实体经济的深度融合。

辽宁省可积极借鉴上述四省经验，通过吸收其在政策制定和优化等方面的成功做法，结合自身产业特点构建适合自身的制度体系，从而为辽宁现代化产业体系的发展提供有效的支撑和引导，推动辽宁在建设现代化产业体系进程中实现快速发展。在产业规划方面，辽宁应明确传统产业、战略性新兴产业和未来产业的发展定位及路径，避免产业发展盲目性，使得产业布局更为合理有序。在政策支持方面，应通过构建税收减免、财政补贴等激励机制，激发企业参与战略性新兴产业和未来产业发展的动力。在科技创新方面，应通过积极营造鼓励创新的氛围，加大研发投入的税收优惠、建立科技创新基金等政策措施，激励企业加大研发力度，推动形成"点—链—面"结合的技术创新体系。在人才培养方面，应从吸引外部高端人才与挖掘本地人才两个方面入手，建立完善的人才培养体系。

二是坚持发挥产业布局对现代化产业体系的引领作用。产业布局如同现代化产业体系的规划蓝图，具有至关重要的意义。合理的产业布局能够优化资源配置，使各地区依据自身的资源禀赋、地理区位、人才储备等要素，选择发展最具优势的产业，避免资源的浪费和无效竞争，从而为现代化产业体系的高效构建和协同发展奠定坚实的基础。广东省、江苏省、浙江省、山东省在产业布局方面各有举措。广东省聚焦战略性产业集群，确立支柱与新兴产业集群定位（如珠三角重点发展新一代电子信息产业），强化区域协作效能，构建以珠三角辐射粤东西北的联动格局；依托创新要素重构空间载体，在深圳打造新兴产业技术策源地。江苏省基于规划纲要优化产业布局，结合区域禀赋实施精准匹配（如南京依托科教资源发展知识密集型产业），推进苏南、苏中、苏北差异化布局，并以制造强省为目标，在产业集聚区建设智能制造示范载体，加速全链数字化升级。浙江省积极推进先进制造业整体布局，提升供应链集群配套水平（见专栏1-3）。山东省按照实施意见培育先进制造集群，在胶东半岛形成高端化工等特色集群；统筹全省行动计划配置创新资源，如济南通过强化平台建设与研发投入驱动产业链升级。

专栏1-3   **提升产业配套率的地方实践**

浙江省平湖市是全国第14个国字号汽车零部件制造基地，三次获评全国优秀汽车及零部件制造基地，入围省先进制造业集群协同区，当前90%以上的零部件企业都与长三角地区的整车企业保持着长期紧密的合作，13家全球汽配百强企业已在平湖市落户项目，31家企业已成为整车一级供应商。此外，平湖市已布局多年的数控机床产业成效显著，陆续被认定为全省高档数控机床"新星"产业群、省级高档数控机床产业集群核心区等，德马吉森精机、津上精密、尼得科等5家全球数控机床整机龙头企业先后落户平湖市，平湖市同时集聚国内外11家机床整机企业，70多家零部件配套企业，全市机床产业长三角区域配套率已超95%。

资料来源：本课题组根据公开资料整理。

　　辽宁省在构建现代化产业体系的过程中，可借鉴上述四省的成功经验。首先，可借鉴广东省聚焦优势产业领域的做法，明确产业定位并统筹布局。辽宁省具备雄厚的装备制造产业基础，可将其作为战略性产业进行重点布局规划。同时，注重区域协同发展，发挥沈阳、大连等中心城市的带动辐射作用。其次，可借鉴江苏省的经验，依据自身资源优势和发展规划，调整产业布局。辽宁省拥有丰富的矿产资源和科教资源，可在资源型城市围绕资源深加工进行产业布局，在科教资源集中的城市布局高新技术产业，推动省内各区域差异化发展。最后，还可借鉴浙江省和山东省的做法。一方面，借鉴浙江省布局先进制造业集群的经验，对自身制造业进行整合规划，提高产业协同性。另一方面，效仿山东省布局创新资源的做法，在沈阳、大连等城市加大对创新的投入，吸引企业集聚，促进产业链高质量发展，为辽宁省构建现代化产业体系奠定坚实基础。

　　三是坚持发挥产业创新对现代化产业体系的推动作用。产业创新是现代化产业体系发展的核心动力，为产业体系注入新的活力与竞争力。广东省通过聚焦战略性新兴产业集群，发布相关政策明确发展方向，大力鼓励企业加大研发投入，在深圳等创新活力强的城市建立众多创新平台，吸引高科技人才汇聚，加速科技成果转化，从创新要素集聚的角度为现代化产业体系注入强大动力。江苏省依据发展规划纲要等政策文件，充分利用自身丰富的科教资源，在南京、苏州等地区布局高新技术产业时强调创新驱动，推动企业与高校、科研机构紧密合作，打造产学研一体化模式，以创新提升产业竞争力，助力现代化产业体系建设。浙江省围绕先进制造业集群建设和未来产业发展，依据相关行动方案，在杭州、宁波等创新氛围浓厚的地区鼓励创新型企业发展，推动传统块状经济向创新型产业集群转型升级，积极探索新技术、新模式，在传统产业创新升级和新兴产业创新培育方面为现代化产业体系夯实基础。山东省按照相关实施意见，在胶东半岛等地区的产业布局中重视创新引领，以济南等地为创新资源布局重点，加大科技创新投入，培育创新生态，鼓励企业开展技术创新，在提升传统产业创新能力和发展新兴产业方面发挥积极作用，为构建现代化产业体系提供有力的创新支撑。

辽宁在推动现代化产业体系建设过程中，应当高度重视产业创新的推动作用。首先，辽宁应加大对科技研发的投入力度，全力支持高校、科研院所和企业开展关键核心技术攻关，积极推动技术创新和成果转化。其次，辽宁应着力构建完善的产业创新生态体系。通过建设高新区和科技园区，吸引并培育高科技企业和创新创业团队，为产业创新提供良好的环境和服务。通过政策支持和资金扶持，鼓励中小企业进行技术创新和成果转化。设立科技创新基金并提供创新创业服务，帮助科技型中小企业解决融资、技术和市场等方面的困难，提升其创新能力与市场竞争力。最后，辽宁应加强与国内外科技创新资源的对接和合作。通过引进先进技术和人才，提升本省产业创新水平。通过与国内外高校、科研机构及企业开展合作，共同进行技术研发和创新，推动科技成果的转化与应用。

四是坚持发挥市场主体培育对现代化产业体系的主导作用。市场主体是现代化产业体系的核心力量，是产业发展的主要推动者和创新源泉，在资源配置、技术创新、产业升级等方面发挥着不可替代的关键作用。市场主体的活力和竞争力直接决定了现代化产业体系的发展质量和效率。广东省积极出台政策扶持各类市场主体。一方面，鼓励大型企业在战略性新兴产业领域加大投资布局，发挥龙头引领作用；另一方面，重视中小企业发展，通过建设产业园区等方式为中小企业提供发展空间，并且设立专项资金扶持中小企业进行技术创新与转型升级。江苏省依据资源优势和发展规划培育市场主体。对于大型企业，充分发挥科教资源优势，推动企业在高端制造业等领域开展创新研发。对于中小微企业，通过优化营商环境，简化行政审批流程、提供税收优惠等措施，激发中小微企业创业热情，进而促进各市场主体相互协作、相互补充，共同推动现代化产业体系的建设。浙江省以独特的民营经济优势为基础培育市场主体。对于大型民营企业，鼓励如吉利汽车等企业开展国际化战略，推动企业向高端制造、新能源等领域转型，引领产业升级。对于中小民营企业，积极营造活跃的商业氛围，提供丰富的创业服务和金融支持，推动中小民营企业在传统制造业的智能化改造、新兴数字经济产业等领域蓬勃发展。山东省对于大型国有企业，如海尔集团等，支持其进行管理创新、技术创新和商业模式创新，鼓励企业在智能家居等新兴领域开拓市场，发挥示范带动效应。对于中小企业，通过打造产业集群，为中小企业提供产业配套机会，并加大对中小企业的资金扶持和技术指导，提高中小企业的专业化生产能力和市场适应能力。

辽宁在推动现代化产业体系建设进程中，也应当高度重视培育市场主体的主导作用。首先，应结合自身的产业基础优势，明确重点扶持的市场主体类型。辽宁在装备制造、石油化工等传统产业方面具有深厚的底蕴，对于鞍钢集团等大型企业，应鼓励其在传统产业的转型升级以及向高端制造领域的延伸方面发挥主导作用。其次，应重视中小企业的培育与发展。辽宁省可以借鉴浙江省的经验，营造活跃的商业氛围，提供针对性的创业服务。针对新兴产业领域的发展需求，设立专门的创业孵化中心，为中小企业提供低价的办公场地、设备共享、技术咨询等服务。同时，出台税收优惠和财政补贴政策,鼓励中小企业专注于细分市场,进行技术创新。再次,应积极推动不同规模市场主体之间的协同合作。辽宁省可以借鉴江苏省的模式,以大型企业为核心,构建产业协作网络。大型企业可以与中小企业共享技术标准、管理经验等资源,中小企业则为大型企业提供定制化、专业化的零部件和服务,通过这种协同合作,提升整个产业体系的竞争力,促进现代化产业体系的构建。最后,应加大对市场主体创新能力的培育。辽宁省可以学习广东省的做法,鼓励企业在研发创新方面加大投入。辽宁可设立专项创新基金,向有创新潜力的企业提供资金支持,还可以积极引导企业与高校、科研机构建立产学研合作关系,加速科技成果转化,提升市场主体在产业创新中的主导能力,进而推动现代化产业体系不断发展进步。

第2章
辽宁现代化产业体系理论内涵的战略认知

习近平总书记指出，要推进产业智能化、绿色化、融合化，建设具有完整性、先进性、安全性的现代化产业体系。作为我国重要的东北老工业基地，辽宁拥有一批关系国民经济命脉和国家安全的战略性产业，资源、科教、人才、基础设施等具有突出的比较优势，应以维护国家"五大安全"为出发点，以加快传统制造业数字化、智能化改造，推动产业链向上下游延伸，大力发展战略性新兴产业，前瞻部署未来产业为落脚点，构建具有辽宁特色优势的现代化产业体系。这既是辽宁全面统筹效率和安全、大力培育新质生产力、不断提升区域竞争力的根本遵循，也是奋力在中国式现代化辽宁篇章中展现更大担当和作为的应有之义。

2.1　基于维护国家"五大安全"责任担当的理论旨归

习近平总书记在新时代推动东北全面振兴座谈会上强调，要牢牢把握东北在维护国家"五大安全"中的重要使命，牢牢把握高质量发展这个首要任务和构建新发展格局这个战略任务。作为新时代推动东北全面振兴不可或缺的重要力量，基于维护国家"五大安全"的辽宁现代化产业体系，对统筹传统产业转型升级和战略性新兴产业培育壮大，谱写中国式现代化辽宁篇章具有重大的战略意义。

2.1.1　核心要义

2023年5月，习近平总书记在二十届中央财经委员会第一次会议上强调，推进产业智能化、绿色化、融合化，建设具有完整性、先进性、安全性的现代化产业体系。这深刻揭示了现代化产业体系的内涵特征和目标方向。辽宁现代化产业体系是由数字技术创新赋能，促进一二三产业深度有机融合，不断催生新产业、新技术、新业态、新模式，统筹传统产业转型升级和战略性新兴产业培育壮大，持续保持强大竞争力的综合性产业生态系统。从结构性适配维度看，辽宁现代化产业体系包括先进装备制造、石化和精细化工、冶金新材料和优质特色消费品工业4个万亿级产业基地，先进核能技术装备与应用、农林产品深加工、重大环保技术装备等6个千亿级产业集群，低空经济、冰雪经济、军民融合等9个关联性产业集群，集成电路装备、船舶与海工装备、航空装备、先进医疗装备等22个重点产业集群以及细胞治疗、元宇宙等X个未来产业，其都与辽宁承担维护国家"五大安全"使命担当具有关联性；从功能性适配维度看，辽宁现代化产业体系既包括以石化、消费品工业等为代表的传统产业，也包括以软件和信息技术服务、集成电路装备等为代表的战略性新兴产业，还包括以柔性电子、高端文旅装备等为代表的未来产业。其中，传统产业发挥了维护国家"五大安全"的基础性兜底功能，战略性新兴产业发挥了维护国家"五大安全"的战略性支撑功能，未来产业发挥了维护国家"五大安全"的前瞻性引领功能。总体来看，辽宁现代化产业体系在结构性适配与功能性适配的更高水平上，切实肩负起了维护国家"五大安全"的使命担当（详见专栏2-1）。

专栏2-1   **维护国家"五大安全"的重点产业**

● 国防安全：近年来，辽宁军民融合发展态势不断向好，规模持续壮大，已形成以航空、航天、船舶、兵器、核工业、电子信息等多个行业为支撑的国防科技工业体系。其中，辽宁以航空装备、舰船等为代表的国防科技工业规模位居全国前列，沈阳航空集群入选国家先进制造业集群名单，沈飞集团、大连船舶重工等一批本地企业和驻辽央企在国内处于领军地位。

● 粮食安全：作为重要的粮食生产基地，辽宁持续推进产业融合，发展畜禽及特色产业精深加工，做强水产品、果蔬加工等产业链，建设白羽肉鸡、小粒花生、奶牛、大连樱桃、丹东草莓等特色产业集群，重点打造粮油、畜禽2个2 000亿级深加工产业集群，不断提高粮食综合生产能力。

● 生态安全：近年来，辽宁坚定不移走生态优先、绿色低碳的高质量发展之路，以高水平保护促进高质量发展，生态环境质量持续改善。辽宁通过大力发展节能环保产业集群，推动绿色低碳技术的应用与推广，为传统产业绿色转型注入了新动能。同时，辽宁立足生态资源优势，重点发展以松子、核桃等8类干果经济林和林菜为重点的林业特色产业，并推进森林生态旅游与康养产业融合发展，打造出"生态+产业"的绿色发展新模式。通过产业生态化与生态产业化的双轮驱动，辽宁走出了一条经济发展与生态保护协同共进的新路径。

● 能源安全：在建设清洁能源强省的过程中，辽宁通过充分发挥在能源装备、能源科研等领域的优势，做强做大核能、输变电、氢能、储能等能源装备产业，做好锂电、全钒液流、压缩空气、钠电等新型储能试点，积极构建氢能制备、储运、应用等产业链，为保障国家能源安全提供了全方位支撑。

● 产业安全：辽宁以统筹传统产业转型升级和战略性新兴产业培育壮大为关键抓手，不断增强产业安全保障能力。一方面，辽宁通过持续推动装备制造业向高端化发展、石化和精细化工产业向下游延伸、冶金新材料产业向精深拓展、消费品工业向优质特色发力，实现传统产业转型升级。另一方面，辽宁瞄准未来产业制高点，重点布局新材料、生物医药、集成电路装备等战略性新兴产业，不断提升产业体系的抗风险能力和安全性。

资料来源：本课题组根据公开资料整理。

2.1.2 典型特征

辽宁现代化产业体系所具备的智能化、绿色化、融合化、完整性、先进性及安全性的特征，能使其更好地承担维护国家"五大安全"的责任，具体如下：

（1）智能化特征与维护国家"五大安全"

现代化产业体系的智能化特征是指通过新一代信息技术与实体经济的深度融合，推动产业向高端化、智能化、绿色化、服务化转型，推动技术路径再造、产业链韧性增强、全要素生产率提升的新型产业生态。当前，辽宁现代化产业体系既具备国内其他区域现代化产业体系智能化的基本特征，也有维护国家"五大安全"的显著特征。近年来，辽宁围绕产业数字化的主攻方向，陆续发布了《辽宁省加快数字经济核心产业发展的若干措施》等政策，从宏观层面推动政策创新、中观层面发展优势产业、微观层面培育核心企业的多重角度出发，持续增强现代化产业体系的智能化特征。在此基础上，辽宁在维护国家"五大安全"相关重点领域，通过采取军民融合发展、数字园区建设、数字化车间改造等实质性举措，注重发挥沈飞、黎明军品配套协作，大连恒力石化数字园区改造，富虹集团粮油加工板块数字化车间建设等示范带动作用，加快打造以"产业化龙头企业强力牵引+各类配套企业竞相跟进"为导向的产业数字化发展新模式，逐步形成与维护国家"五大安全"匹配的产业战略布局和配套政策支持体系。同时，辽宁还依托大连盘锦绿色石化集群、沈阳机器人及智能制造产业集群、沈阳大连工业母机集群、沈阳航空集群等在智能化方面具有突出特点的国家先进制造业集群，进一步发挥其推动优质发展要素和企业资源向维护国家"五大安全"重点领域集中的"虹吸效应"，从而更好地承担维护国家"五大安全"的使命担当（详见专栏 2-2）。

专栏 2-2　　　向"新"而行、以"质"致远的"辽宁方案"

2025 年春节前夕，习近平总书记赴辽宁看望慰问基层干部群众时指出，制造业要坚持高端化、智能化、绿色化方向，不断提高产品科技含量和附加值。这为辽宁向"新"而行、以"质"致远指明了发展方向。

近年来，为深入贯彻习近平总书记重要指示精神，辽宁持续推动科技创新和产业创新深度融合，全面促进企业数字化转型，加快打造航空装备、工业母机等先进制造业集群，取得了举世瞩目的亮眼成绩。2024 年 12 月，工业和信息化部公布了 2024 年国家先进制造业集群名单，辽宁沈阳航空集群、沈阳大连工业母机集群、大连盘锦绿色石化集群等 3 个集群入选，辽宁国家先进制造业集群增至 4 个。截至 2024 年底，辽宁围绕 22 个重点产业集群，组建了 20 个辽宁省重点实验室群，与 693 家重点企业建立对接合作。同时，22 个重点产业集群营收占全省规上工业营收总额的 61%，战略性新兴产业集群占 22 个集群比重首次超过 1/3；高技术制造业增加值增长 11.3%。

向"新"而行、以"质"致远。今天的辽宁，正坚定不移转方式、调结构，奋力开辟新领域、新赛道，塑造新动能、新优势，奋力谱写中国式现代化辽宁篇章。

资料来源：本课题组根据公开资料整理。

（2）绿色化特征与维护国家"五大安全"

现代化产业体系的绿色化特征是指通过深度应用绿色技术、绿色产品、绿色工艺，推动生产方式和产业结构向绿色低碳方向转型。近年来，辽宁围绕"双碳"战略，以降碳、减污、扩绿、增长为总抓手，重点聚焦高耗能、高排放及资源依赖度较高的钢铁、石化、水泥等传统产业，通过打造循环产业链、实施技术驱动改造等实质性举措，扎实推进传统产业绿色化发展。在此基础上，辽宁着力在绿色工厂数量方面实现新突破。截至2024年底，辽宁共培育省级绿色制造单位152家、国家级47家，52家企业入选废钢准入条件企业，数量居全国第8位。其中，以抚顺为代表的资源枯竭型工业城市，全面对标"十四五"节能降碳目标，以3个循环经济产业园为依托，加快新能源汽车拆解、废旧电池处置利用、废旧轮胎热裂解等项目建设，推动废钢产业增产扩容，做大做优资源循环利用产业；以石化、冶金等传统产业降耗增效为重点，加快完善绿色制造体系，梯度培育绿色工厂、建设绿色矿山，成为全省资源枯竭型工业城市绿色化转型的典范。此外，辽宁还扎实推进辽东绿色经济区建设。辽东地区是全省重要的生态屏障，被誉为辽宁的"绿肺"和"水塔"，建设辽东绿色经济区既是全省加快构建"一圈一带两区"区域发展格局的重要内容，也是奋力打造辽宁践行"两山"理念的主战场、生态文明建设的示范区、绿色发展的试验田。总体来看，辽宁通过抢抓"双碳"战略契机，以产业绿色化和区域绿色化为关键抓手，在资源高效利用、生态修复治理、绿色发展模式创新等多方面取得突破性进展。这不仅有力推动了辽宁实现新旧动能转换，助力经济迈向高质量发展新台阶，更为辽宁守护绿水青山，构建北方生态安全屏障筑牢了根基（详见专栏2-3）。

专栏2-3　　辽宁推动现代化产业体系绿色化的具体行动

近年来，辽宁正以绿色生产为引领，推动产业向低碳化、循环化、可持续化转型，进而为维护国家"五大安全"提供坚实支撑。一方面，辽宁聚焦节能降碳、减污降碳、循环经济等重点领域，组织实施50项科技计划项目，累计投入科研经费6 050万元。其中，新一代全钒液流电池技术取得重大突破，全球最大液流电池储能电站成功并网投运，标志着辽宁在全球绿色能源领域占据领先地位。此外，辽宁不断健全绿色低碳循环发展的生产体系、流通体系、消费体系，加快基础设施绿色升级，构建绿色技术创新体系，把绿色发展理念贯穿到生态保护、环境建设、生产制造、城市发展、人民生活等各个方面，绿色化转型成效显著。这些成果不仅彰显了辽宁加快推动产业绿色化发展的坚定决心，也为筑牢国家"五大安全"屏障贡献了更大力量。

资料来源：本课题组根据公开资料整理。

（3）融合化特征与维护国家"五大安全"

现代化产业体系的融合化特征是指一二三产业打破各自独立发展的传统模式，通过相互渗透、协作与延伸，实现产业间的融合；通过优化生产流程、整合资源等方式实现产业内部的融合，最终实现产业边界的模糊化与协同发展的预期目标。制造业既是辽宁的传统优势，也是辽宁的鲜明标识。近年来，辽宁注重发挥先进制造业的比较优势，将先进制造业与现代服务业融合发展产生的服务型制造纳入《辽宁省深入推进结构调整"三篇大文章"三年行动方案（2022—2024年）》《辽宁省全面振兴新突破三年行动方案（2023—2025年）》等制度顶层设计，积极探索产业融合发展的新模式、新途径，着力推动产业融合发展实现新突破。当前，辽宁通过优化政策支持体系、强化典型示范引领、深化专家指导服务、搭建公共服务平台等多措并举，支持企业深化业务关联、链条延伸和技术渗透，积极打造具有国际竞争力的先进制造业新高地，重点推进智能制造、生物医药等领域的融合发展，通过采取产业园区共建、产业链上下游协同等实质性举措，发挥了沈阳市机器人及智能制造产业集群、沈阳生物医药产业集群的示范带动作用，加快打造产业链协作配套、产业集群创新发展的产业融合化发展新模式。同时，辽宁依托"央地合作"体制机制，有效发挥央企在管理、资源、创新、技术等方面的比较优势，打造以"央地融合"为出发点、以促进产业融合发展为着力点的"辽宁样本间"。辽宁通过产业体系的融合化发展，推动产业门类之间、区域之间、大中小企业之间、上下游环节之间高度协同耦合，不仅有助于释放产业网络综合效益、厚植高质量发展新动能，更强化了"以融促产、以产护安"的良性循环，筑牢了"融通强链、稳产保供"的产业安全屏障，真正实现了以"辽宁之为"担当"国之重任"服务"国之大者"（详见专栏2-4）。

专栏2-4   辽宁深入推进服务型制造 助力维护国家产业安全

作为振兴东北老工业基地的中坚力量，辽宁发展服务型制造取得了显著成绩。在工信部公布的第五批服务型制造示范名单中，辽宁12户企业被认定为国家级服务型制造示范单位，占全国7%，居全国第4位。作为制造业大省，近年来辽宁大力推动服务型制造快速发展，新模式新业态不断涌现，有效推动了制造业转型升级。一方面是创新全产业链服务模式，沈阳机床（集团）有限责任公司通过建设全生命周期运维服务基地，提供从机械大修改造、电气智能升级到进口设备维修等全方位服务，提升了机床产业的整体竞争力，这种模式不仅增强了企业的市场竞争力，还为高端装备制造产业的供应链稳定提供了有力保障；另一方面是创新共享制造平台模式，捷匠科技（大连）有限公司通过整合行业资源、优化资源配置，全面推动钣金行业数字化转型升级，进而广泛赋能装备制造、汽车、通讯电子、家电、造船等行业，其打造的"基于钣金行业的共享制造平台项目"被列为共享制造示范项目。

辽宁作为我国重要的工业基地，近年来通过服务型制造的快速发展，增强了装备制造等关键产业的竞争力，保障了产业链供应链的稳定，不仅推动了传统产业转型升级，还为维护国家产业安全提供了有力支撑。

资料来源：本课题组根据公开资料整理。

（4）完整性特征与维护国家"五大安全"

现代化产业体系的完整性，是指产业体系在结构上具备齐全的产业门类、在功能上形成完整的产业链条，同时具备完善的产业配套能力，确保产业链供应链各个环节紧密衔接、关键领域自主可控、产业链上下游高效协同，形成自主、完整、高效的产业生态系统。作为我国重要的老工业基地，辽宁工业门类齐全、体系完备，在全国制造业格局中占据重要地位。在国民经济行业的41个工业大类、207个工业中类、666个工业小类中，辽宁分别拥有40个、197个、519个，占比分别为97.56%、95.17%、77.93%，产业体系完整性位居全国前列。近年来，辽宁紧密对接国家战略需求，在强链补链延链上展现新作为，充分发挥龙头企业的引领作用，不断补齐产业发展短板，强化维护国家"五大安全"关键领域的产业链供应链完整性。例如，在航空产业方面，辽宁不断加强航空产业链薄弱环节建设，依托沈飞和黎明两大航空产业龙头企业，推动关键核心技术和关键零部件的自主研发和产业化，形成了从原材料、零部件、军机、航空发动机及燃气轮机、民机大部件、通用飞机、无人机的研发设计、生产制造到运维售后等相对完整的产业链体系，为维护国家国防安全提供了有力保障。在能源产业方面，辽宁不断打造以大连、盘锦为"两极"的万亿级石化和精细化工产业基地，构建了从原油开采、石油加工、基础化工、合成材料到精细化工的石化全产业链条，在产业链完善性方面领先全国。其中，大连长兴岛经济区作为国家重点支持的七大石化产业基地之一，着力打通"原油炼化—精细化工—新材料"产业链，形成石油化工深加工集群，实现了从基础化工到高端新材料的纵向延伸，为维护国家能源安全和生态安全提供了关键抓手（详见专栏2-5）。总的来说，辽宁通过充分发挥产业体系完备、工业门类齐全的优势，积极培育龙头企业和链主企业，增强维护国家"五大安全"重点领域产业链的完整性和自主可控能力，保障了关键技术和战略性资源的稳定供给，为维护国家"五大安全"提供了坚实的物质保障。

专栏2-5　　　　　　大连长兴岛：提升产业完整性，

为维护国家"五大安全"筑牢产业基础

近年来，大连长兴岛通过提升产业链完整性、促进产业协同，加强石化产业集群建设，为维护国家"五大安全"提供了坚实的产业保障。

● 延链补链，实现产业链自主可控。长兴岛通过延伸石化产业链，逐步形成了从原材料、石化产品到精细化工等多个环节的完整产业链。在炼油、聚合物、合成材料、精细化学品等领域，通过持续加大技术创新与生产能力建设，提高了产业链的自主可控能力，实现了对关键原材料的自主生产，减少了对外部资源的依赖，从而为能源安全和产业安全提供了强力保障。

● 拓展产业门类，推动产业多元化发展。长兴岛通过大力发展氢能、风能、太阳能等新能源产业，成功打造了"绿色石化+精细化工+新能源"的多元化产业体系，不仅促进了传统石化产业的绿色转型，同时也避免了对单一能源的过度依赖，为维护国家生态安全和能源安全提供有力支撑。

● 促进产业协同发展，提升产业链效率。长兴岛通过加强产业链各环节的深度协同，推动了原材料供应、关键零部件生产、装备制造、技术创新等环节的紧密对接，不仅提升了产业链的整体运行效率，还极大增强了产业链抗风险能力。

长兴岛石化产业集群通过实现产业链自主可控、推动产业多元化发展、促进产业协同发展，有效提升了产业链的完整性和自主可控能力，为保障国家能源安全、产业安全、生态安全等方面提供了坚实的产业支撑。

资料来源：本课题组根据公开资料整理。

（5）先进性特征与维护国家"五大安全"

现代化产业体系的先进性特征是指以科技创新为引领，融合高端化、智能化、绿色化发展方向，推动产业在技术水平、生产效率、产业链地位和产业附加值等达到国际前沿水平，最终形成具有国际竞争力和领先优势的新型产业生态。近年来，辽宁重点围绕科技创新筑"底座"、畅"链条"、强"主体"等目标导向，从核心技术攻关、科技成果转化、创新主体培育等多重维度出发，不断强化科技创新产业政策、"兴辽英才"人才政策、科研经费管理政策等工具组合对持续提升辽宁现代化产业体系先进性的支撑作用。在此基础上，辽宁在维护国家"五大安全"的相关重点领域，有效发挥大连英歌石科学城与沈阳浑南科技城的"双核"引领作用，及沈抚科创园的创新高地作用，不断强化大连先进光源、超大型深部工程灾害物理模拟设施、海洋工程环境实验与模拟设施等重大科研平台和科技基础设施建设，持续推动"科研机构跨域合作+高校协同联动+龙头企业共建共享"的全方位创新联动机制，探索重大创新平台建设的新路径、新模式，加快形成与维护国家"五大安全"相适配的创新资源战略布局。同时，辽宁注重发挥在资源禀赋、科教优势和产业基础等方面的比较优势，战略布局与维护国家"五大安全"相关的战略性新兴产业和未来产业，抢抓产业发展的新赛道和新机遇。此外，辽宁在"太行110"重型燃气轮机、"国和一号"屏蔽电机主泵、国内首台套150万吨/年乙烯"三机"等一批大国重器问世的基础上，还应着力发挥首台（套）重大技术装备、"专精特新"等创新类政策组合的示范带动效应，促进关键核心技术突破，加快实现打造重大技术创新策源地、更好地承担维护"五大安全"的预期目标（详见专栏2-6）。

专栏2-6　沈阳争当辽宁省打造重大技术创新策源地"排头兵"

近年来，沈阳市深入实施全面振兴新突破三年行动及"振兴新突破、我要当先锋"专项行动，统筹抓好"创新空间、创新平台、创新生态、创新人才"建设，加快构建具有沈阳特色优势的现代化产业体系，争当辽宁省打造重大技术创新策源地"排头兵"，为加速打造辽宁重大技术策源地、维护国家"五大安全"贡献重要力量。

● 加强创新空间建设，优化城市布局

沈阳扎实推进"一城一园三区多组团"建设，智慧之云、科学家工作坊和"新东拓+"科技招商项目全面启动，浑南科技城启动区内基础设施项目全面开复工建设，不断加强创新空间建设、提升城市发展动能。

● 加强创新平台建设，提升发展能级

在重大科技创新平台建设方面，沈阳大力推进辽宁材料实验室、太行实验室辽宁研究中心、超大型深部工程灾害物理模拟设施建设。在平台支撑和服务产业功能方面，沈阳围绕全市20个重点产业链和10个重点产业集群，布局建设重点实验室、技术创新中心和临床医学研究中心。

● 加强创新生态建设，营造创新氛围

沈阳通过开展关键核心技术攻关、提升科技型企业增长率、提高科技成果转化水平、加大科技金融服务、加强科技交流合作等多种方式，探索形成"325沈阳模式"，开展2024年"创新沈阳"系列活动，为跨域创新合作提供了良好的生态氛围。

● 加强创新人才建设，激发科创活力

沈阳市修订青年科技人才、"带土移植"人才团队引育、高端外国专家等支持措施，分类实施中青年科技人才专项；实施"带土移植"引育工程，启动高水平人才团队需求储备库建设；实施"一院士一平台一园区一基金一服务"专班服务，推动院士人才资源赋能产业发展。

资料来源：中共沈阳市委宣传部，沈阳市科学技术局.以科技创新推动产业创新，加快推进科技自立自强：沈阳争当辽宁省打造重大技术创新策源地"排头兵"[N].人民日报，2024-07-25（16）。

（6）安全性特征与维护国家"五大安全"

现代化产业体系的安全性特征是指一个国家或区域的产业体系在遭遇生产事故、自然灾害、地缘政治、战争等冲击后，能够基本不受影响且正常运行，或者在受到冲击后能够快速恢复到正常状态。近年来，辽宁深入实施《辽宁省"十四五"科技创新规划》《辽宁省工业机器人等重点产业链供应链质量联动提升工作方案》等旨在突破"卡脖子"关键技术制约和提升产业链供应链韧性的重大科技专项政策。在这些政策实施过程中，各地区探索了一批具有辽宁特色的典型经验和做法。例如，"325沈阳模式"，即聚焦制造业重点产业链、重点科技领军企业、重点产品3个重点，确定开展关键核心技术攻关的主攻方向；把握关键技术受制于人和进口产品国产替代两个维度，梳理"卡脖子"问题，精准凝练技术卡点；综合运用自主研发、联合攻关、"揭榜挂帅"、"带土移植"和开展基础理论研究5种体系化配套支持手段，量身定制技术攻关路径和方式。同时，面对"卡脖子"关键技术困境，辽宁以科技创新引领产业创新，不断攻克高端装备、新能源、集成电路装备等领域一批"卡脖子"难题，推出先进制造领域多项首台产品创新应用，如世界首款四座氢内燃飞机原型机、全球首制7500立方米液态二氧化碳运输船以及新一代隐身多用途歼击机（歼-35A）。这不仅彰显了辽宁在高端制造领域的硬核实力，更为维护国家国防安全、能源安全和生态安全提供了关键装备与技术支撑。此外，在国际外部环境"脱钩断链""小院高墙"风险加剧背景下，辽宁不断加快高水平科技自立自强，深入推进"聚链成群、聚群成势"战略，助力6户企业成功获评国家链主企业，突破49个产业链断点堵点。通过聚焦产业链供应链堵点、卡点、断点问题，辽宁以"小切口"撬动关键技术"大提升"，努力打造"链长组织、链主引领、链员协同、基础支撑、技术赋能"的质量强链工作新模式，形成以区域产业链供应链韧性维护国家"五大安全"的实践范式（详见专栏2-7）。

专栏2-7　　　　沈阳经开区加速构建现代化产业体系
扛使命提升产业链韧性和安全水平

沈阳经开区聚焦建设现代化产业体系，构筑了高端装备、汽车及零部件、生物医药、新能源及节能环保、新材料及集成电路、新一代信息技术产业等六大产业集群，积极培育发展中小企业，特高压电工装备产业集群获评国家级中小企业特色产业集群，实现沈阳零的突破。

在提升产业链韧性和安全水平方面，以沈鼓集团股份有限公司、沈阳机床（集团）有限责任公司、特变电工沈阳变压器集团有限公司、北方重工集团有限公司、沈阳三生制药有限责任公司、华晨宝马汽车有限公司等头部企业为牵引，通过打造整零协同共同体，推进产业基础再造。全市15个头部企业配套园区中，沈阳经开区有7个，并探索建立了"龙头企业+园区+支持政策"体制机制；市区领导担任"双链长"，逐链绘制图谱，查找断点弱点；沈铸所入选第八批全国制造业单项冠军。

下一步，沈阳经开区将坚持产业立区、项目为王，更加积极抢占发展新赛道，加速向"工业强区"迈进。巩固优势产业，推动沈鼓向氢能装备、特变向海上风电、机床向服务型制造等加速裂变、向"新"延展。壮大新兴产业，支持微控、汉科、三生、德生等一批新能源、新材料、生物医药企业做大做强；培育未来产业，努力在人工智能、低空经济、未来健康、未来能源、未来材料等领域抢滩布局。以冲在前、扛大旗的实际行动，切实扛起经济大区挑大梁的使命担当。

资料来源：本课题组根据公开资料整理。

2.2 基于新时代新征程辽宁全面振兴的实践意蕴

当前，世界百年未有之大变局加速演进，新一轮科技革命和产业变革深入发展，数字经济、绿色低碳、智能制造等新兴产业深刻重塑全球产业格局，产业链供应链竞争日趋激烈。与此同时，国际环境错综复杂，全球产业链供应链的不稳定性、不确定性明显增加，关键领域技术封锁、贸易壁垒等外部风险持续加大。辽宁作为我国重要的老工业基地，既面临传统产业转型升级、科技创新能力跃升的紧迫任务，也迎来深度融入新发展格局、锻造发展新优势的重大机遇。加快构建现代化产业体系，是辽宁在新一轮发展格局中有效应对国内外复杂环境、统筹发展和安全的重要支撑，是强化科技创新驱动、加快形成新质生产力的坚实保障，是抢占未来产业发展制高点、提升区域竞争力的战略选择。

2.2.1 助力辽宁更好统筹发展和安全

一是为确保产业链自主可控提供了有力支持。现代化产业体系更加强调产业体系的完整性，要求产业门类齐全、产业链条完整、产品品种丰富完备、零部件配套能力强。当前，世界百年未有之大变局加速演进，逆全球化思潮抬头，技术封锁、贸易壁垒等外部风险持续加剧，对产业链供应链的安全稳定提出了更高要求。辽宁作为我国重要的老工业基地，拥有雄厚的工业基础和完整的产业体系，部分优势产业在全国乃至全球产业链中占据重要地位。然而，部分产业在关键技术、核心零部件、战略性资源开发利用等方面仍面临一定的外部依赖问题，产业链供应链在关键环节上仍面临"卡脖子"风险。加快建设现代化产业体系，有助于辽宁增强对重点领域供应链产业链的自主可控能力，特别是通过在先进装备制造、航空航天、数字科技、新材料等战略性新兴产业领域开展关键核心技术攻关，突破技术瓶颈，减少对外部高端零部件、关键原材料及核心工艺的依赖，切实增强本省产业链供应链的稳定性。二是为有效应对外部不确定性冲击筑牢了底层基础。现代化产业体系更加强调各类生产要素有机组合、各产业之间有效配合、产业链条各环节有序承转，最终实现整个产业体系的协同共进。当前，全球政治经济格局深刻调整，国际贸易摩擦加剧，传统依赖资源型产业或低端制造业的发展模式已难以应对国际市场变化和外部冲击带来的挑战。与此同时，辽宁作为工业大省，面临产业结构单一化、发展模式单一化、所有制结构单一化等问题,导致发展动力不足、抵御国际形势变化能力较弱。加快建设现代化产业体系,不仅能够切实提升辽宁产业多元化水平,减少对资源依赖型和传统劳动密度型产业的依赖,突破传统产业周期性波动和新兴技术突破带来的发展瓶颈,增强辽宁现代经济体系在面对百年未有之大变局时的发展稳定性(详见专栏2-8);而且能够通过推动不同区域、不同产业之间的融合互补,实现生产、分配、流通、消费各个环节之间有序承转联通,实现供给和需求的动态平衡,为畅通国内大循环、加快促进国内国际双循环提供关键支撑。三是为加快实现经济高质量发展注入了市场活力。现代化产业体系更加强调不同市场主体在产业演进过程中形成优势互补、协同共进的发展格局,既要发挥国有企业在战略资源保障、关键技术攻关、公共服务供给等方面的"压舱石"作用,也要充分激发民营企业在增强产业活力、挖掘市场潜力、吸纳社会就业等方面的"生力军"作用。当前,辽宁部分地区和产业对国有企业依赖较高,民营经济发展相对滞后,民营企业数量偏少、规模较小、市场竞争力不强,未能充分发挥其在现代产业体系中的重要作用。加快建设现代化产业体系有助于通过强化政策引导、优化要素供给、改善营商环境,破除制约民营企业快速发展的现实障碍,促进民营经济做大做强。同时,现代化产业体系还有助于提升辽宁的吸引力,推动更多外资企业和国际优质资本进入辽宁市场,为构建开放型经济新格局提供有力支撑。

专栏2-8　　做好产业结构调整"三篇大文章"的辽宁实践

● 改造升级"老字号":辽宁坚持用人工智能等新一代信息技术为装备制造业等产业赋能增效,一批数字化车间、智能工厂投入使用,累计建成数字化车间222个、智能工厂115个;培育省级工业互联网平台87个;规上工业关键工序数控化率达到63.0%,高于全国0.8个百分点;沈阳、大连获评全国首批中小企业数字化转型试点城市。

● 深度开发"原字号":辽宁持续推进石化、冶金等原材料及深加工行业补链、延链、强链，加快推进"减油增化"，大力发展化工新材料和精细化工。2023年，辽宁化工精细化率达到46.2%，冶金新材料营收占比提高2个百分点；2024年，大盘绿色石化集群成功入选先进制造业集群名单。

● 培育壮大"新字号"：辽宁充分发挥其在新材料、精细化工、高端装备制造、半导体芯片制造设备、工业基础软件、高端医药等领域的产业底蕴，形成了众多在全国有一定影响力的产业集群。例如，大连市加快打造2 000亿级高端装备集群、1 000亿级新一代汽车产业集群和1 000亿级中高端消费品产业集群。沈阳市高端装备、汽车、食品、新一代信息技术4个产业集群规模突破千亿元。

资料来源：本课题组根据公开资料整理。

2.2.2 助力辽宁加快形成新质生产力

一是以科技创新为核心驱动力，加速新质生产力形成。现代产业体系更加强调产业大量采用先进的技术、工艺、设备和管理方法，符合新一轮科技革命和产业变革趋势，总体呈现高端化、数字化、智能化、绿色化的现代新兴技术特征。近年来，尽管辽宁研发投入大幅增长，但与发达地区相比，累计研发投入规模仍不足，尤其是基础研究投入占比较低。从研发产出看，辽宁在专利量、技术方向覆盖面等方面仍与先进地区有一定差距。加快建设现代化产业体系，有助于通过数字产业化与产业数字化协同共进，推动生产模式全面变革，推进产业基础高级化和产业链现代化。数字产业化方面，加快建设现代产业体系有助于辽宁在人工智能、大数据、物联网、工业互联网、区块链等前沿技术领域培养一批具备自主创新能力的数字技术企业，推动数字核心产业加速发展，为新质生产力提供源源不断的技术支撑。产业数字化方面，加快建设现代产业体系有助于通过持续推动数字技术向传统产业渗透，加快辽宁传统产业智能化和数字化改造，实现"数字+"和"智能+"的创新模式，进一步夯实辽宁在工业规模大、体系完备和配套能力强等方面的现存优势。二是优化生产要素配置,为加快形成新质生产力创造更优的发展环境。现代化产业体系更加强调构建要素高效配置的体制机制,推动产业门类之间、区域之间、上下游环节之间、大中小企业之间在资金、技术、劳动力等各个要素配置上的高度协同耦合,实现实体经济、科技创新、现代金融、人力资源协同发展。当前,辽宁部分传统产业体系仍存在资源错配、产业链协同性不足等问题,导致生产要素未能在区域间、产业间高效流动。加快建设现代化产业体系,有助于辽宁通过加速实现各个行业智能化、数字化转型,依托产业链精准匹配、供应链协同优化、数据驱动决策等手段,提升要素配置效率,使创新资源向高成长性、高附加值的产业领域聚集,进而为加快形成新质生产力提供更为优质的发展环境。三是通过跨界融合,拓展新产业、新业态、新模式,为加快形成新质生产力提供更为广阔的发展空间。现代化产业体系更加强调不同产业之间相互渗透、交叉重组,通过技术变革推动产业深度融合,在提升产业对市场变化的适应能力过程中催生大量新功能、新形态、新组织方式和新商业模式,极大增强产业体系的可塑性。当前,辽宁产业发展的路径依赖较强、数字化应用程度不深、产业融合动力不足,部分行业仍依赖传统增长模式,尚未对数字经济、平台经济、共享经济等新兴模式形成成熟应用,导致新兴产业培育滞后。加快构建现代化产业体系,有助于辽宁突破传统产业路径依赖,推动农业、制造业、能源等传统产业加速与数字经济、绿色经济、低空经济等新兴经济形态深度融合,加快实现产业链价值链的重组跃迁,为加快形成新质生产力提供更为广阔的实践空间。

2.2.3 助力辽宁切实提升区域竞争力

一是为重塑区域经济比较优势提供了战略支点。现代化产业体系更加强调通过产业升级与结构优化,重构区域资源禀赋的差异化竞争优势。当前,辽宁在传统产业转型升级、新兴产业动能培育方面仍存在结构性矛盾,部分区域依赖资源型产业的特征尚未根本改变，难以形成可持续的竞争力。加快构建现代化产业体系，有助于辽宁依托核心城市的辐射效应，聚焦本省优势产业，加快推动传统产业向"专精特新"方向转型。这种系统性重构不仅能够突破原有产业路径依赖，更可以通过差异化定位形成"人无我有、人有我优"的独特竞争力，为辽宁参与全球产业链分工提供新支点。二是为集聚高端创新要素构建了核心平台。现代化产业体系更加强调以创新驱动为核心动力，通过构建全链条创新生态，形成吸引要素资源的强磁场。当前，辽宁在创新资源整合、科技成果转化、高端人才储备等方面仍存在短板，尚未完全形成创新要素与产业发展的良性互动。加快构建现代化产业体系，有助于辽宁依托沈阳浑南科技城、大连英歌石科学城等创新载体，搭建产学研用协同创新平台，推动创新链与产业链深度融合。通过实施"揭榜挂帅"等新型科研组织方式，突破高端数控机床、工业母机、深海装备等领域的"卡脖子"技术，培育形成具有自主知识产权的核心竞争优势。三是为辽宁打造开放型经济新体制提供了实践路径。现代化产业体系更加强调制度型开放与产业升级的协同发展，通过体制机制创新释放开放红利。当前，辽宁虽具备雄厚的产业基础，但在全球产业分工中仍面临高端供给能力不足、品牌国际影响力偏弱、资源利用效率待提升等挑战。加快构建现代化产业体系，有助于辽宁依托优势特色产业基地，加速推进智能制造示范工厂建设，培育一批具有生态主导力的"链主"企业；有助于辽宁积极提升自贸区、中德园、中日产业园、中俄经贸合作产业园等开放平台能级，完善陆海联运大通道，推动跨境电商综试区与海外仓网络协同布局，为构建国内国际战略链接提供可复制可推广的辽宁经验。

第3章
辽宁现代化产业体系的现状分析

尽管面对多重压力叠加、多重困难交织、多重挑战并行的复杂形势，全省上下坚持以习近平新时代中国特色社会主义思想为指引，深入贯彻落实习近平总书记关于东北、辽宁全面振兴的重要讲话和指示批示精神，在中共辽宁省委坚强领导下，聚焦维护国家"五大安全"，打造新时代"六地"，聚力"八大攻坚"，闯风浪、攻难关、破梗阻，辽宁现代化产业体系的政策红利持续释放，经济效益与社会效益不断攀升，产业规模呈现了良好发展态势，市场主体培育数量实现了新突破，创新驱动发展对国家重大战略支撑地、重大技术创新策源地的支撑作用日益显现。这些振奋人心、有质量、有分量的重大发展成果来之不易，也为后续扎实推进辽宁现代化产业体系建设夯实了重要的发展基础。

3.1　辽宁现代化产业体系建设的阶段性成效

辽宁聚力打造现代化产业体系，初步形成了以先进装备制造业、石化和精细化工、冶金新材料、优质特色消费品工业4个万亿级产业基地为基础，以集成电路装备、船舶与海工装备、航空装备、先进医疗装备、电力装备、轨道交通装备等22个重点产业集群为支撑的现代化产业体系。尽管如此，辽宁在现代化产业体系建设中也面临着"原字号""老字号"产业转型步伐有待加快、"专精特新"产业政策支持力度有待加强、非公有制经济主体发展环境有待改善、国家级先进制造业集群培育效能有待提升等主要挑战[①]。当前，辽宁积极推进传统制造业改造升级，完成重点钢铁企业超低排放改造项目523个，制定了《辽宁省菱镁行业高质量发展实施意见》，高技术制造业投资增长25.3%；加快实施产业基础再造和重大技术装备攻关工程，4家企业入选国家产业技术基础公共服务平台；不断推进质量、标准、品牌强省建设，制造业产品质量合格率逐年提升，沈鼓集团、兴齐眼药荣获"全国质量奖"；强化数字赋能，培育省级工业互联网平台累计达87个、智能工厂和数字化车间累计达337个，成功举办全球工业互联网大会，获评全国首批制造业数字化转型贯标试点省份。这些成绩不仅为辽宁经济发展奠定了坚实基础，也为辽宁经济未来转型升级提供了广阔空间。总体来看，辽宁在现代化产业体系建设方面取得了明显进展，产业基础能力和产业链现代化水平不断提升，具体可以概括为政策框架体系趋于完善、产业发展态势持续向好、市场主体培育实现突破、创新驱动成效逐步显现四个方面。

---

　　① 汪旭晖. 扎实推进区域要素市场建设，不断提升数字经济和实体经济融合发展效能［J］. 财经论丛，2024（10）：3-14.

3.1.1　政策框架体系趋于完善

近年来,辽宁在构建现代化产业体系上攻坚突破,围绕"建设数字辽宁、智造强省""做好结构调整'三篇大文章'""推动制造业高质量发展"等重点内容开展工作。辽宁在推动现代化产业体系建设过程中,逐步完善政策框架体系,通过出台《关于科技引领未来产业创新发展的实施意见》《辽宁省进一步推动经济以进促稳稳中提质若干措施》《关于推动县域经济高质量发展若干政策措施的意见》等一系列政策措施促进产业发展和转型(详见表3-1)。具体体现在以下四个方面:一是推动产业创新与升级,支持产业创新重点攻关任务"揭榜挂帅",提高对相关项目支持比例,推动制造业高端化、智能化、绿色化改造,实施"智转数改网联",鼓励民营企业参与产业基础再造等工程;二是加强区域协同与特色产业发展,构建"一圈一带两区"格局,做大做强大连樱桃、丹东草莓等优势特色产业,培育潜力特色产业,打造产业集群,促进农村一二三产业融合,建设特色产业发展优势区;三是强化科技与知识产权支撑,深入实施知识产权公共服务普惠工程,健全公共服务体系,发挥骨干节点作用,支持创新型县建设,引导科技专员服务企业,提升农业科技水平;四是注重县城及园区建设与要素保障,加强县城及重点镇建设,激发园区活力,支持民间投资参与重大项目,保障项目要素,加强存量资产优化整合,提高企业培育质量。

表3-1　　　　　辽宁省大力发展现代化产业体系的促进举措

政策文件	关键促进举措
《关于全面推进美丽辽宁建设的实施意见》(2024年10月)	● 推动重点领域绿色低碳发展。加快制造业高端化、智能化、绿色化改造,支持建设绿色工厂,着力打造集约高效、绿色低碳的产业集群和产业园区。加快石化、冶金、菱镁等行业工艺、技术、装备改进和提升,推进节能降碳、超低排放改造和精深加工。加快培育壮大绿色增长新动能,大力发展战略性新兴产业、高技术产业、绿色环保产业、现代服务业,推进产业数字化、智能化同绿色化深度融合,加快建设现代化产业体系

续表

政策文件	关键促进举措
《辽宁省进一步推动经济以进促稳稳中提质若干措施》（2024年9月）	● 支持产业创新和集群发展。支持产业创新重点攻关任务"揭榜挂帅"、省级以上制造业创新中心等创新能力建设项目，支持工业母机产业集群补短板、锻长板。对上述项目由不超过项目建设相关投资额15%的支持比例，提高到20%，单项补助最高1000万元
《共建全面振兴新突破知识产权强省实施方案》（2024年7月）	● 深入实施知识产权公共服务普惠工程。健全完善知识产权公共服务体系，充分发挥知识产权公共服务骨干节点作用，优化知识产权公共服务重要网点布局，提升知识产权公共服务机构服务能力，强化对科技创新和发展现代化产业体系的公共服务支撑。加强知识产权信息化、智能化基础设施建设，推广应用知识产权信息公共服务产品，加强知识产权数据信息资源传播和利用。推进知识产权公共服务标准化、规范化、便利化建设，及时更新细化知识产权公共服务事项清单、服务标准和办事指南 ● 健全完善知识产权公共服务体系。充分发挥知识产权公共服务骨干节点作用，提高地市级综合性知识产权公共服务机构覆盖率，优化技术与创新支持中心（TISC）、高校国家知识产权信息服务中心、国家知识产权信息公共服务网点等重要网点布局，提升省级知识产权信息公共服务网点服务能力，强化对科技创新和发展现代化产业体系的公共服务支撑
《关于推动县域经济高质量发展若干政策措施的意见》（2024年7月）	● 加强县城及重点镇建设。推进以县城为重要载体的新型城镇化建设，扎实推动县城城镇化补短板强弱项，对县城产业配套设施提质增效、市政公用设施提档升级、公共服务设施提标扩面、环境基础设施提级扩能等项目建设给予资金支持，增强县城综合承载能力。每年遴选20个左右重点镇，对特色产业发展、基础设施建设、公共平台配套等项目建设给予资金支持，打造一批工业重镇、商贸强镇、文旅名镇和农业特色镇

续表

政策文件	关键促进举措
《关于推动县域经济高质量发展若干政策措施的意见》（2024年7月）	● 激发园区活力。深化产业园区管理体制改革创新，推动"管委会+公司"模式实质性运行，力争"园内事园内办"。坚持以规划为统领，围绕优势主导产业，推动产业要素集聚，扶持壮大战略性新兴产业、先进制造业和现代服务业等。到2025年，在县域内建设不少于10家省级特色产业园区。每年对县域内省级经济开发区开展综合效益评价，根据评价结果，每次对不超过5家省级经济开发区分别给予300万元资金奖励 ● 支持创新型县建设。对国家创新型县，在项目、人才、政策等方面予以重点支持。支持县域企业同省内科研单位建立产学研联合体。开展"科技专员服务企业"活动，引导更多科技专员进驻县域企业，帮助解决技术、人才和政策服务等难题。完善农村科技特派工作模式，服务县域农业优势特色产业发展，提升农业科技水平 ● 推动县域数字经济发展。推动落地一批数据跨领域融合应用场景，建设数字乡村，开展产业园区数字化改造，重点配套智能农机、无人机、北斗导航、大数据平台等硬件设施和信息化系统，培育一批省级智慧农业应用基地。对种植业、设施农业、畜牧业、渔业智慧提升应用等项目，按照不超过总投资30%的比例给予资金支持，单个项目支持上限为1 000万元
《关于进一步支持民营经济高质量发展的意见》（2024年5月）	● 支持民间投资参与重大项目。聚焦国家重大工程和补短板项目、重点产业链供应链项目及全省15项重大工程，积极申报全国重点民间投资项目，加强要素保障，增强民营企业获得感。按照政府和社会资本合作新机制要求，吸引民营企业参与基础设施和公共服务项目建设。定期公布盘活存量资产台账，引导民间资本积极参与盘活存量资产。鼓励民营企业通过产权交易、并购重组、不良资产收购处置等方式盘活自身资产，加强存量资产优化整合。鼓励民营企业发挥配套优势和部分领域先发优势，积极参与央企和地方合作重大项目，加强产业链配套协作

续表

政策文件	关键促进举措
《关于进一步支持民营经济高质量发展的意见》（2024 年 5 月）	● 支持民营企业转型升级。围绕辽宁 4 个万亿级产业基地和 22 个重点产业集群建设，鼓励和引导民营企业积极参与产业基础再造工程和重大技术装备攻关工程，以及制造业重点产业链高质量发展行动，加大战略性新兴产业和未来产业投资，在促进新质生产力发展中实现转型升级。引导民营企业参与大规模设备更新和消费品以旧换新行动，支持民营企业实施"智转数改网联"，加快建设一批数字化车间、智能工厂、绿色工厂
《关于学习运用"千村示范、万村整治"工程经验 有力有效推进乡村全面振兴的实施意见》（2024 年 4 月）	● 做强做精特色产业。做大做强樱桃、草莓、海参等百亿级优势特色产业，加快培育中药材、绒山羊、扇贝、河蟹等百亿级潜力特色产业，积极推动花卉、南果梨、梅花鹿、柞蚕等地方特色产业形成规模和品牌效应，提高市场占有率。集成政策、分类推进，建设特色产业发展优势区，打造国家优势特色产业集群、现代农业产业园、农业产业强镇。加强"辽宁好粮油"品牌建设，持续壮大"辽字号"农业品牌，2024 年新增省级农产品区域公用品牌 6 个、知名农产品品牌 30 个，在特色农产品中培育"辽宁优品"。深入推进国家级北方海洋牧场特色农业气象服务中心建设 ● 促进农村一二三产业深度融合。制定乡村旅游规划，推动农文旅融合发展，因地制宜发展生态旅游、森林康养、休闲露营等新业态，规范发展乡村民宿。遴选推介中国美丽休闲乡村和休闲农业重点县，办好农民丰收节。建设大连、锦州国家沿海渔港经济区，支持丹东申报创建国家沿海渔港经济区，推进辽东九县林草产业发展 ● 加强乡村规划与示范引领。市县统筹做好国土空间规划，乡村做好建设规划。制定乡镇级国土空间总体规划编制导则，启动 800 个乡镇级规划编制。坚持农民参与，持续推进村庄规划编制，优化村庄布局、产业结构、公共服务配置。在保持耕地总量不减少、永久基本农田布局基本稳定前提下，稳妥有序开展以乡镇为基本单元的全域土地综合整治，保障乡村基础设施和产业发展用地

政策文件	关键促进举措
《关于推动消费品工业高质量发展的指导意见》（2024年3月）	● 创新驱动、高举高打。通过模式创新、技术创新和服务创新等方式，推动产业提质增效，加快形成新质生产力。培育示范领域和企业，打造产业发展样板，以跻身全国前列的高标准推进消费品工业发展 ● 量质齐升，做大做精。聚焦重点产业、重点产品，突出食品工业主导地位，着力打造量的绝对优势。突出产业特色化、产品优质化，着力锻造质的显著优势，加快形成品种丰富、品质高端、品牌强大的消费品工业发展局面 ● 区域协同，集聚发展。构建"一圈一带两区"区域发展格局，突出沈阳、大连"双核"引领作用，坚持集群化发展，强化区域承载聚集功能，形成"圈""带"互为支撑，集群、县域、园区、乡镇协调发展的消费品产业发展格局
《新时代推进辽宁品牌建设三年行动方案（2023—2025年）》（2024年3月）	● 全面实施"辽宁优品"工作。培育"辽宁优品"品牌，打造一批品质卓越、信誉过硬、竞争力强、社会公认的"辽宁优品"集群品牌，推动辽宁特色优势现代化产业体系建设。按照高标准、严认证、强监管、优服务、可追溯建设要求，建立完善"辽宁优品"标准体系、认证体系、监管服务体系，建立健全培育、认证、推广、监管和技术支撑、政策扶持等全周期、全方位运行机制。强化"辽宁优品"质量技术创新，优化"辽宁优品"质量技术服务，提升企业质量品牌创建能力。加强宣传推广，提升"辽宁优品"的知名度和影响力
《2024年省〈政府工作报告〉重点工作分工方案》（2024年2月）	● 全力塑造制造业新优势。推动新型工业化，深入实施产业基础再造和重大技术装备攻关工程，实施制造业重点产业链高质量发展行动，加快20个国家新型工业化产业示范基地建设

资料来源：辽宁省人民政府。

3.1.2 产业发展态势持续向好

近年来，辽宁以工业振兴引领全面振兴，推动全省工业智能化、绿色化、融合化发展，加快"数字辽宁""智造强省"建设（如图3-1所示）。全力打造先进装备制造业、石化和精细化工、冶金新材料和优质特色消费品工业4个万亿级产业基地，做强做大数控机床、船舶与海工装备等12个有影响力的优势产业集群，培育壮大新能源汽车、集成电路装备等10个战略性新兴产业集群。坚持区域、城乡、陆海统筹，突出沈阳、大连"双核"引领作用，率先实现全面振兴新突破，带动各地竞相发展，加快构建优势互补、高质量发展的区域经济布局（详见专栏3-1）。

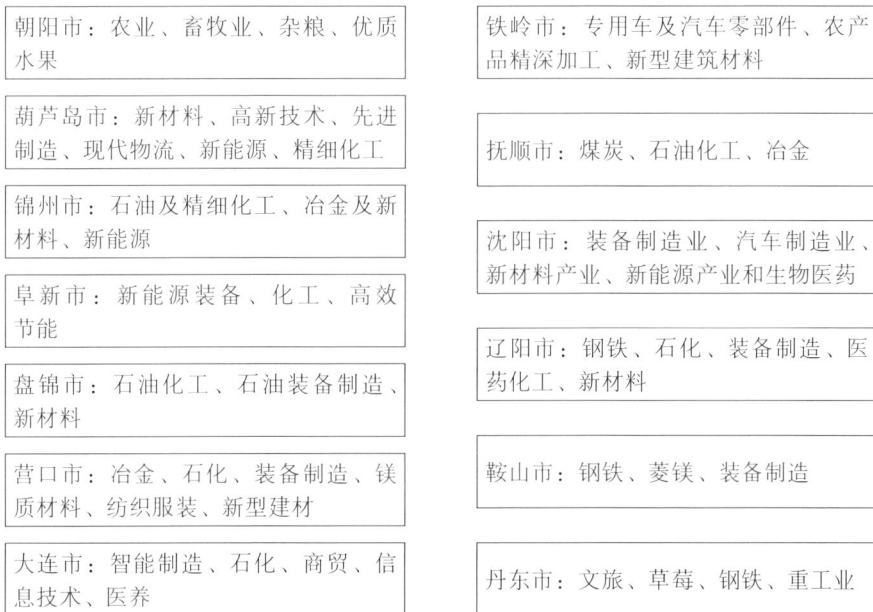

朝阳市：农业、畜牧业、杂粮、优质水果	铁岭市：专用车及汽车零部件、农产品精深加工、新型建筑材料
葫芦岛市：新材料、高新技术、先进制造、现代物流、新能源、精细化工	抚顺市：煤炭、石油化工、冶金
锦州市：石油及精细化工、冶金及新材料、新能源	沈阳市：装备制造业、汽车制造业、新材料产业、新能源产业和生物医药
阜新市：新能源装备、化工、高效节能	辽阳市：钢铁、石化、装备制造、医药化工、新材料
盘锦市：石油化工、石油装备制造、新材料	
营口市：冶金、石化、装备制造、镁质材料、纺织服装、新型建材	鞍山市：钢铁、菱镁、装备制造
大连市：智能制造、石化、商贸、信息技术、医养	丹东市：文旅、草莓、钢铁、重工业

图3-1　辽宁各市重点产业布局图

资料来源：中商产业研究院。

专栏3-1　　　　　　　　向海·向未来

——恒力集团推动产业多元化的"破冰之旅"

恒力集团自1994年创立以来，专注于炼油、石化、聚酯新材料和纺织全产业链发展，取得了显著成就。2022年7月，恒力集团成立恒力重工集团,正式跨界进入船舶制造业,标志着其产业布局迈向高端装备制造领域。

恒力重工以"打造世界一流绿色船舶建造及高端装备制造基地"为目标,重点发展船舶建造、海洋工程、发动机、精密铸造、装备制造等板块。通过收购原STX(大连造船有限公司)资产,恒力重工投资21.1亿元打造世界一流的绿色船舶建造基地,并在一年内完成二期项目"未来工厂"的建设。该工厂建筑面积超200万平方米,拥有17个超大型车间,智能化、自动化程度行业领先,显著提升了生产效率和制造能力。截至2025年1月15日,恒力重工已开工建造30多艘船舶,造船订单签到了2028年。全面达产后,预计可实现年加工钢板230万吨、建造超大型船舶150艘、生产发动机180台,年产值将突破700亿元。

"向海·向未来",恒力集团借助恒力重工的建设,成功实现了从化工到造船领域的跨界发展,为产业多元化开辟了新路径。这不仅推动了辽宁现代海洋产业体系的构建,也为中国制造业的转型升级和海洋强国建设贡献了重要力量。

资料来源:本课题组根据公开资料整理。

先进制造业集群规模逐步扩大。辽宁以高质量发展为核心目标,积极推进先进制造业集群发展的系统化战略部署。一是建立省领导牵头工作机制,强化对先进制造业集群发展的顶层规划与政策支持,确保各项政策措施的有效落地与执行。二是梯度培育新型工业化产业示范基地,强化中小企业特色产业集群培育,致力于形成大中小企业融通发展、上下游产业链协同联动的良好生态。三是开展头部企业配套对接活动,促进链群协同,实现产业链内部资源的优化配置与外部市场的有效拓展。四是加强与国内外先进制造业集群的交流合作,引入优质资源,提升产业集群的国际竞争力。目前,辽宁新增专精特新"小巨人"企业34家、国家级制造业单项冠军8个,工业机器人产业入围全国质量强链十大标志性项目。沈阳、大连入选全国首批制造业新型技术改造城市试点。培育省级 5G 工厂 25 个，新增省级工业互联网平台 17 家。沈阳入选全国首批"5G+工业互联网"融合应用试点城市，盘锦入选国家中小企业数字化转型城市试点。推进石化产业"增化增特"，锦州石化针状焦、锦西石化新重整芳烃等装置建成投产。菱镁资源开发利用一体化治理初见成效。清洁能源强省建设步伐加快，清洁能源装机容量和发电量占比均超过 50%。加强头部企业配套，加快延链补链强链，22 个重点产业集群中，战略性新兴产业营业收入占比超过 1/3[①]。

现代农业体系建设日趋完善。辽宁始终将现代农业企业的发展视为推动农业现代化、促进农业增效和农民增收的关键路径。2023 年，辽宁农业产业化国家级重点龙头企业的数量达到 64 家，在农业产业化龙头企业培育方面取得了显著成效，这彰显了辽宁在优化农业产业结构、提升农产品附加值方面所做的不懈努力。与此同时，辽宁省农业产业化省级重点龙头企业达 91 家，进一步壮大了农业产业化队伍，构建起多层次、宽领域的农业产业化发展格局。规上食品工业的快速发展，是辽宁省农业产业化成果的直接体现。2023 年辽宁规上农产品加工业营业收入同比增长 6%，其中食品工业实现营业收入同比增长 8%，充分显示出辽宁食品加工业的强劲增长势头。这一成绩的取得，得益于辽宁在农产品深加工领域的持续投入和技术创新，有效延伸了农业产业链条，提高了农产品的市场竞争力和经济效益。为全面提升农业综合生产能力，辽宁还采取了一系列扎实举措。首先，坚决落实播种面积任务，全力确保粮食等主要农产品的稳定供应。其次，注重耕地保护和质量建设，通过实施高标准农田建设和土壤改良项目，切实提高耕地质量和耕地产能。最后，致力于提升农业科技和装备水平，积极推进产业融合，大力推广先进适用的农业技术和智能化装备，壮大农业产业链，提高农业生产效率和科技贡献率。在发展现代设施农业方面，辽宁瞄准畜禽、水果、食用菌、林下经

---

① 李乐成. 政府工作报告——2025 年 1 月 16 日在辽宁省第十四届人民代表大会第三次会议上 [N]. 辽宁日报，2025-01-20（001；003）.

济等特色农业领域，大力推进高质高效发展。通过构建现代设施农业体系，不仅提高了农产品的产量和品质，还促进了农业结构的优化升级。特别是在畜牧业方面，加快规模化养殖步伐，通过引进和培育优质种畜、改善饲养环境、提升疫病防控能力等措施，显著提升了畜牧业的整体水平。在渔业方面，着力发展精品渔业，通过推广健康养殖模式、增强渔业资源养护力度，打造了一批具有地域特色的水产品牌，丰富了农产品供给体系。2023年，辽宁在19个县（市、区）开展绿色高产高效行动，其中包括粮油作物示范区16个、经济作物示范区3个，以建设攻关试验区、核心示范区和辐射带动区为主要方式，聚焦关键作物，加强技术集成，组织开展绿色高产高效行动。2024年，辽宁粮食作物播种面积超额完成国家下达任务，超出国家任务69.6万亩。水果产量、蔬菜产量、食用菌产量、猪牛羊禽肉产量和水产品产量较去年同期分别提高4.2%、3.6%、8.2%、5.1%和4.8%（如图3-2所示）。

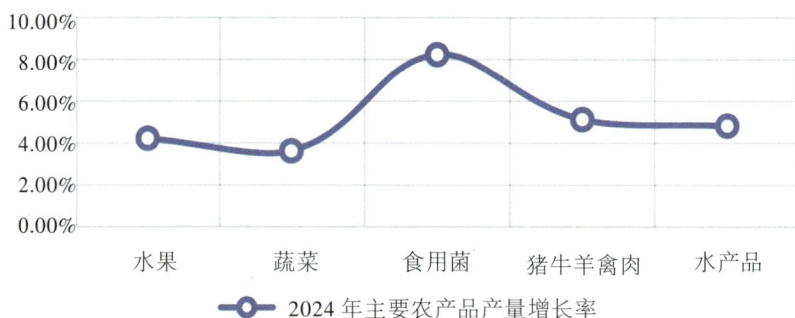

图3-2　辽宁主要农产品产量增长率对比图

资料来源：辽宁省农业农村厅。

　　现代服务业发展质量稳步提升。当前，辽宁现代服务业持续增长，成为拉动全省经济稳健增长的关键力量。其中，互联网、软件、旅游等重点服务业领域表现尤为亮眼，不仅实现了营业收入的持续快速增长，更在推动辽宁服务业向高端化、智能化、绿色化转型方面发挥了不可替代的作用，为全省经济高质量发展注入了源源不断的强劲动力（如图3-3所示）。互联网服务业作为数字经济的重要组成部分，在辽宁的快速发展中占据着举足轻重的地位。随着"互联网+"行动计划的深入推进，辽宁互联网企业数量显著增加，业务范围不断拓展，从电子商务、在线教育到远程医疗、智慧物流，互联网服务已然渗透到了社会经济生活的方方面面，有效提升了服务效率与用户体验，促进了消费模式的创新与升级。软件服务业依托辽宁在信息技术领域的深厚底蕴，加速技术创新与应用落地，为制造业、金融、教育、医疗等多个行业提供定制化解决方案，助力企业降本增效，推动了传统产业与现代服务业的深度融合，为辽宁经济结构的优化调整提供了重要支撑。旅游业市场供需两旺、回升向好，主要经济指标保持快速增长，新增大连长山群岛为国家级旅游度假区、本溪五女山景区为国家 5A 级旅游景区等国家级旅游品牌 20 余个，打造"山海传奇 G228 环渤海自驾之路"等全国旅游精品线路 20条，遴选桓仁县、喀左县、兴城市为辽宁文化旅游强县，培育阜新黄家沟旅游度假区等省级文体旅融合发展消费新场景 10 个。

图 3-3 辽宁部分现代服务业发展趋势图

资料来源：国家统计数据库。

3.1.3　市场主体培育实现突破

市场经营主体是经济发展的微观基础，高质量的经营主体是推动经济高质量发展的重要支撑。截至2023年底，辽宁经营主体发展到515.9万户，同比增长9.4%，经营主体数量全国排名提升1位。全年新设经营主体86.3万户，同比增长33.9%，增速全国排名第四。辽宁坚持构建区域数商企业原创技术"创新策源地"，坚持科技创新和产业升级"双螺旋"发展，打造数据要素引领产业创新变革新模式，积极推动制造业高端化、智能化、绿色化转型。聚焦高端化，2024年以来，辽宁创建高性能膜及膜材料、钛产业等2家省级制造业创新中心，培育65户省级企业技术中心，推广应用525家企业605项创新产品，支持企业突破关键核心技术和产品，沈阳术驰医疗科技入选人工智能医疗器械创新任务揭榜优胜单位。聚焦智能化，2024年新增省级5G工厂25家、数字化车间和智能厂212家，全省规上工业关键工序数控化率、数字化研发设计工具普及率分别达到64.8%、82.2%，均高于全国平均水平。聚焦绿色化，培育省级绿色制造单位152家、国家级47家，52家企业入选废钢准入条件企业，数量居全国第八位。

总体来看，辽宁聚焦高水平科技自立自强，锚定全面振兴新突破三年行动目标任务，以创建具有全国影响力的区域科技创新中心为统领，深入实施创新驱动发展战略，积极培育壮大经营主体[①]。辽宁省科技厅制定实施提高科技型企业增长率方案，构建科技企业梯度培育体系，高效配置培育政策，精准提供科技服务，促进创新要素向企业集聚，全省科技型企业数量实现较快增长。2023年，辽宁科技型中小企业数量年度增长56%，总量达到33 484家，高新技术企业数量年度增长16%，总量达到12 875家，"雏鹰""瞪羚""独角兽"企业达到5 339家。2024年，辽宁培育创新型中

---

① 姚毓春，李冰. 构建具有东北特色优势的现代化产业体系 [J]. 社会科学辑刊，2024 (1)：119–125.

小企业 921 家、"专精特新"中小企业 630 家，新增 8 个国家级、60 个省级
制造业单项冠军，持续提升企业精益管理水平，培育 6 个省级中小企业特
色产业集群，其中，锦州市太和区特种合金产业集群获评国家级中小企业
特色产业集群。

3.1.4 创新驱动成效逐步显现

近年来，辽宁紧跟国家战略步伐，深度融入数字经济时代浪潮，全力推
动数字经济与实体经济深度融合，力求通过数字化转型激发经济活力，实现
产业结构的优化升级与经济效益的显著提升。在这一进程中，辽宁始终把科
技创新摆在全面振兴的关键位置，把科技创新作为动能转换的首要力量，坚
持教育、科技、人才一起抓，以科技创新赢得持续发展。坚定打造高能级创
新平台，新增全国重点实验室 10 家，沈阳浑南科技城、大连英歌石科学城
开城运行，沈抚科创园加快建设。辽宁实验室快速成长，集聚科研人员 698
人、实施自主科研项目 72 项、转化科研成果 181 项。围绕重点产业布局 20
个重点实验室群，科技成果本地转化率 57.6%。聚焦未来产业，组建 9 家省
基础科学中心，实施研究项目 880 个。选派超千名科技特派员服务企业。新
增科技型中小企业 6 206 家、高新技术企业 1 625 家、"雏鹰""瞪羚"企业
940 家，融科储能、东软睿驰新晋为"独角兽"企业。实施新一轮省"双一
流"学科建设，推进建设世界一流学科 20 个、国内一流学科 40 个，新增博
士学位授权点 26 个。朝阳师范高等专科学校升为本科院校。布局建设现代
产业学院 101 所、新建行业产教融合共同体 9 个。深入开展"技能辽宁行
动"，新增技术人才 19.1 万人、技能人才 22.6 万人。持续实施"兴辽英才计
划"，支持培养高层次人才 995 人、团队 79 个，省内高校毕业生 67.5% 留辽
就业，省外高校毕业生来辽就业增长 10%。

3.2 辽宁现代化产业体系建设的比较优势

在取得阶段性成效的基础上，辽宁现代化产业体系的持续深化需要进一步挖掘其内生动力与资源禀赋。作为"新中国工业的摇篮"，辽宁不仅通过完善政策框架体系、培育市场主体和加强科技创新等途径实现了产业基础能力的跃升，更依托历史积淀与时代机遇凝练出独特的比较优势。这些优势既是过去发展成果的深层支撑，也是未来应对挑战、突破转型瓶颈的核心动能。具体而言，辽宁现代化产业体系建设的比较优势可系统归纳为拥有良好的工业发展基础、丰富的产业数字化资源、完善的产业配套环境以及全面的人才资源供给。

3.2.1 辽宁拥有良好的工业发展基础

辽宁作为中国重要的老工业基地和新中国工业崛起的摇篮，素有"共和国长子""东方鲁尔"之美誉。辽宁是全国工业门类较为齐全的省份之一，亦是中国最早实行对外开放政策的沿海省份之一、中国近代开埠最早的省份之一，更是中华民族和中华文明的发源地之一。在联合国工业分类中，共有6个类型的工业，分别为制造业、采矿业、电力生产和供应、热力生产和供应、燃气生产和供应、水生产和供应。这6个类型工业，又可细分为41个工业大类（其中31个属于制造业）、207个工业中类、666个工业小类。由于制造业涵盖的范围较广，所以在工业中类和小类中，制造业所占数量相对较多。在41个工业大类中，辽宁有40个；在207个工业中类中，辽宁有197个；在666个工业小类中，辽宁有519个。这一工业布局，不仅展现了辽宁强大的工业综合实力，更为地方经济的多元化发展奠定了坚实基础。从传统制造业到高新技术产业，从资源型工业到现代服务业，辽宁的工业体系呈现出全方位、多层次的发展格局，为推动区域经济转型升级和可持续发展提供了有力支撑。同时，这也为国内外投资者提供了广阔的合作空间和市场机遇，有助于吸引更多的资本和技术流入，促进地区经济的繁荣与稳定。自"一五"时期开始，辽宁便成为国家重点扶持建设的装备制造业科研和生产基地，因其种类之全、规模之大、贡献之多被誉为"共和国装备部"[①]。

3.2.2 辽宁拥有丰富的产业数字化资源

辽宁作为我国历史悠久的工业基地，其工业体系涵盖了从原材料加工到高端装备制造的广泛领域，形成了门类齐全、结构较为完善的工业体系，是我国不可或缺的工业基地之一，尤其在装备制造、石油化工、冶金等行业表现突出。步入数字经济时代，辽宁敏锐地捕捉到转型机遇，充分利用自身丰富的产业场景和海量的数据资源，积极推动产业数字化与数字产业化双轮驱动战略。一方面，通过引入物联网、大数据、云计算、人工智能等新一代信息技术，对传统制造业进行智能化改造，提升生产效率和产品质量，实现从"制造"到"智造"的跨越（详见专栏3–2）。另一方面，辽宁大力推动数字产业化，依托自身在数据资源、应用场景等方面的优势，培育并发展新兴数字产业。2024年9月12日，在2024全球工业互联网大会开幕式上，辽宁围绕22个重点产业集群，瞄准供需两端，发布了百余个典型场景案例、千余个场景应用需求。辽宁积极布局数据中心、云计算平台、工业互联网等基础设施，吸引了一大批国内外知名信息技术企业和创新团队落户，构建起较为完整的数字经济产业链。同时，辽宁还注重打造开放共享的产业生态，鼓励跨界融合创新，推动数字技术与实体经济深度融合，催生出一批新业态、新模式，如工业电商平台、智能物流、远程医疗、在线教育等，为传统产业转型升级注入新动力。

---

① 张可云、朱春筱. 东北地区现代化经济体系建设——基于产业—空间—创新环境三维分析框架的探讨［J］. 吉林大学社会科学学报，2021，61（5）：5–18；235.

专栏3-2　　　　　在建设现代化产业体系中挺起"钢铁脊梁"
　　　　　　　　——本钢集团产品创新的成功实践

　　在辽东腹地，太子河畔，百年本钢正焕发着新的生机与活力。习近平总书记在乙巳蛇年春节前夕，考察本钢板材冷轧总厂第三冷轧厂，这一行动让钢铁人备受鼓舞，也为企业的发展指明了方向：以科技创新为核心驱动力，在建设现代化产业体系中挺起"钢铁脊梁"。

　　本钢集团把科技创新置于突出位置，通过不断加大技术攻关力度，进一步提高了生产运行效率。2024年，本钢集团荣获国家、省和行业科技奖10项，315件专利获得国家知识产权局授权，PCT国际申请达21项，发明专利产业化率高达73%。在新产品研发方面，本钢2 150毫米以上超宽幅冷轧汽车板获评中国冶金报社发布的"2024中国冶金行业最具竞争力产品"。高强钢领域实现了新突破，成功试制了0.8mm厚度规格980MPa级复相钢，并批量生产了新牌号SAE1035高强钢产品。同时，首次实现了单批次生产1 200吨SAE1035钢种，成功批量生产耐候钢SPA-C产品。

　　未来，本钢集团将继续强化科技创新，不断推动产品升级，为建设现代化产业体系贡献本钢力量，挺起"钢铁脊梁"，让百年钢企在新时代绽放更加耀眼的光芒。

　　资料来源：本课题组根据公开资料整理。

　　在数据资源方面，仅大连市便已构建起庞大的数据资源库，汇聚了超过100亿条数据记录，涵盖政府服务、经济运行、社会管理、环境保护等广泛领域，形成了丰富多元的数据生态系统。截至2024年7月，大连累计发布数据目录6 098个，含数据库表4 001个、数据接口4 775余个，归集数据169亿条，各类数据接口累计被调用9.72亿次，累计交换数据236.79亿条，数据共享交换水平全省领先。通过这些接口，各类数据得以在不同系统之间无缝对接，实现跨部门、跨领域的数据共享与交换，为政府部门、企业和公众提供了及时、准确的信息支持，有效提升了公共服务的质量和效率。在电子政务方面，截至 2024 年 2 月，大连累计归集电子证照 267 类共 2 381 万条数据，全省排名第一。涉及市场监管、金融服务等重点领域的 3 000 余个政务服务事项实现材料"免提交"或"只提交一次"，这不仅简化了民众和企业的办事流程，减少了实体证件的依赖，还大大降低了行政成本，提升了政务服务的现代化水平。通过深度挖掘和分析这些数据，可以洞察社会经济运行的规律，预测发展趋势，为政策制定、市场调控和社会治理提供科学依据。综上所述，丰富的数据和数字场景资源为辽宁加快数字经济发展、推进数字经济与实体经济深度融合奠定了良好的资源基础。

3.2.3 辽宁拥有完善的产业配套环境

辽宁作为一个产业基础雄厚、科教资源富集、区位优势独特的省份，拥有厚实的工业"家底"、丰富的应用场景等产业配套环境。辽宁一二三产基础雄厚，工业体系完备性全国领先；大国重器集成，首艘国产航母、航母舰载机等一批"大国重器"在辽宁问世，机器人、智能装备、航空装备在全国占有重要地位。特别是，辽宁拥有我国规模最大的机器人产业基地——沈阳市新松机器人自动化股份有限公司，该公司在工业机器人的研发、制造及应用领域已达国际先进水平。同时，辽宁区位优势明显，交通设施完善，铁路网和公路网密度居于全国前列，拥有大连港、营口港、锦州港等 6 个重要港口，是"一带一路"建设的重要节点和连接欧亚大陆桥的重要门户。此外，辽宁科教资源富集，有 114 所高等院校，大院大所集中。辽宁省拥有的完善产业配套环境，为辽宁智能制造、服务业数字化转型等提供了良好的设备支撑，为辽宁现代化产业体系发展带来了不竭的原动力。

3.2.4　辽宁拥有全面的人才资源供给

辽宁作为科教大省,科研院所众多、高等院校林立。在全国范围内,辽宁受教育程度人数名列前茅。据第七次全国人口普查数据显示,辽宁拥有良好的人口受教育情况,与2010年第六次全国人口普查相比,每10万人口中拥有各类受教育程度的人数不仅总量可观,且拥有大专及以上受教育程度的人口由11 965人上升为18 216人,增幅高达52%,远超全国平均水平,在高等教育层面表现尤为突出(详见表3-2)。另外,与2010年第六次全国人口普查相比,辽宁各地区每10万人口中拥有的受教育程度的人数持续上升(详见表3-3)。这一优越的教育结构为辽宁在新时代背景下推进现代化产业体系建设筑牢了坚实的人才基础。

表3-2　　　各地区每10万人口中拥有的各类受教育程度人数　　单位:人/10万人

地区	大学 (大专及以上)	高中(含中专)	初中	小学
全国	15 467	15 088	34 507	24 767
北京	41 980	17 593	23 289	10 503
天津	26 940	17 719	32 294	16 123
河北	12 418	13 861	39 950	24 664
山西	17 358	16 485	38 950	19 506
内蒙古	18 688	14 814	33 861	23 627
辽宁	18 216	14 670	42 799	18 888
吉林	16 738	17 080	38 234	22 318
黑龙江	14 793	15 525	42 793	21 863
上海	33 872	19 020	28 935	11 929
江苏	18 663	16 191	33 308	22 742
浙江	16 990	14 555	32 706	26 384

续表

地区	大学（大专及以上）	高中（含中专）	初中	小学
全国	15 467	15 088	34 507	24 767
安徽	13 280	13 294	33 724	26 875
福建	14 148	14 212	32 218	28 031
江西	11 897	15 145	35 501	27 514
山东	14 384	14 334	35 778	23 693
河南	11 744	15 239	37 518	24 557
湖北	15 502	17 428	34 280	23 520
湖南	12 239	17 776	35 636	25 214
广东	15 699	18 224	35 484	20 676
广西	10 806	12 962	36 388	27 855
海南	13 919	15 561	40 174	19 701
重庆	15 412	15 956	30 582	29 894
四川	13 267	13 301	31 443	31 317
贵州	10 592	9 951	30 464	31 921
云南	11 601	10 338	29 241	35 667
西藏	11 019	7 051	15 757	32 108
陕西	18 397	15 581	33 979	21 686
甘肃	14 506	12 937	27 423	29 808
青海	14 880	10 568	24 344	32 725
宁夏	17 340	13 432	29 717	26 111
新疆	16 536	13 208	31 559	28 405

资料来源：国家统计局.第七次全国人口普查公报（第六号）。

表3-3　　辽宁各地区每10万人口中拥有的各类受教育程度人数　　单位：人/10万人

地区	大学 （大专及以上）	高中（含中专）	初中	小学
全省	18 216	14 670	42 799	18 888
沈阳市	27 565	16 741	37 147	13 144
大连市	23 593	16 095	35 323	18 862
鞍山市	13 221	14 958	51 329	15 839
抚顺市	14 983	17 428	46 884	15 846
本溪市	16 567	16 233	46 548	15 908
丹东市	12 941	12 924	45 225	23 544
锦州市	15 221	12 688	47 207	20 513
营口市	12 958	10 855	48 720	22 337
阜新市	13 261	17 712	46 439	17 393
辽阳市	14 258	13 505	47 615	20 410
盘锦市	18 908	16 429	41 773	17 059
铁岭市	9 606	10 825	49 477	25 565
朝阳市	11 419	11 840	41 908	27 458
葫芦岛市	11 904	11 718	46 723	23 607
沈抚示范区	22 982	13 884	43 072	14 896

资料来源：国家统计局. 第七次全国人口普查公报（第六号）。

3.3 辽宁现代化产业体系建设面临的主要挑战

尽管辽宁在现代化产业体系建设的征程中，拥有深厚的工业基础和显著的产业优势，例如，在装备制造、石油化工、冶金等领域长期积累的丰富经验，为产业升级转型奠定了坚实的基础（详见专栏3-3），但是，在全球和国内经济环境快速演变的大背景下，以及构建现代化产业体系所要求的高质量、高效率、高创新性标准面前，辽宁现代化产业体系建设仍面临多方挑战[①]。

专栏3-3　沈抚改革创新示范区四十项改革创新举措成效显著

2019年1月，辽宁省政府印发《关于加快落实〈沈抚改革创新示范区建设方案〉的实施意见》，从财政及金融、创新及产业、环保及土地三大方面出台了40项举措，以更大力度、更实举措加快推进沈抚改革创新示范区建设，营造改革创新政策环境。此后，沈抚改革创新示范区时刻将改革作为推动区域发展的原动力，坚持以改革创新为牵引，以打造区域创新高地为目标，高标准建设沈抚科创园，高质量推进主导产业，高水平落实体制机制改革、科技创新、开放创新、构建创新型产业体系、推动绿色发展"五大任务"，奋力当好辽宁全面振兴新突破的"突击队"、高质量发展的"先行区"和新质生产力培育发展的"重要平台"，改革创新举措成效显著。

● 新产品在推出：一只"鹰"腾空而起。由辽宁省无人智能装备有限公司自主研发的长航时复合翼无人机"龙鹰"在2024年9月完成首次飞行测试。"龙鹰"最大航时长达12小时，最大飞行高度可达6 000米，拥有30公

---

① 司聪，任保平. 以数实深度融合建设现代化产业体系——战略意蕴、重点任务与实现路径[J]. 财经问题研究，2024（11）：18-30.

斤的载荷能力，适用于火情监视、应急通信、勘探等场景。

● 新场景在搭建：一条"狗"智能巡检。2024年，在辽宁双智数字赋能中心，仿真机器狗正在平移、原地转向、爬楼梯，动作流畅。它可以搭载高速激光雷达、视觉系统等，按照既定路线巡检，行走过程中快速采集周围的全景影像、真彩色三维点云等数据，进而为企业运行赋能。

● 新技术在应用：一把"刀"精准治疗。在2024年9月26日开幕的第五届中国辽宁国际投资贸易洽谈会上，由沈阳鹏悦科技有限公司研发、国内首创用于肿瘤微创介入治疗的"低温手术系统（氩氦刀）"，打破了国际技术垄断，迅速被国内各大知名医院投入使用。

资料来源：本课题组根据公开资料整理。

3.3.1 "原字号""老字号"产业转型步伐有待加快

近年来，辽宁通过加强"原字号"和"老字号"产业的深度开发，努力推动传统产业转型升级。具体来说，辽宁聚焦深度开发"原字号"产业，着力实施一系列补链、延链、强链的重点项目，力求改变"炼有余而化不足"的产业结构，推动石化、精细化工以及冶金新材料等行业的世界级产业基地建设。同时，辽宁在推动"老字号"产业转型方面，通过人工智能等新一代信息技术为传统装备制造业赋能增效，助力传统产业的创新和升级。尽管辽宁"原字号"和"老字号"产业转型取得了一定进展，但步伐依然较为缓慢，存在创新不足、结构调整滞后等问题。

一方面，辽宁传统"原字号"产业面临深度开发与转型需求。"原字号"产业指的是那些基于传统资源、传统产业基础发展的产业，典型的如石油化工、冶金等传统重工业。辽宁历来是国内重要的重工业基地，尤其在石化、钢铁等行业具备较强的基础。然而，随着全球经济和产业结构的变化，辽宁的"原字号"产业面临着巨大的转型压力。近年来，辽宁积极推动"原字号"产业的结构调整，实施了多个补链、延链、强链的重点项目，力图通过延伸产业链条、深挖增值空间来提升这些产业的核心竞争力。例如，在石化产业，辽宁通过加大对精细化工产品的研发投入，努力推动石化产业向更高附加值、更高技术含量的领域拓展。在冶金产业，辽宁不仅继续加大钢铁等基础产品的生产，还推动冶金新材料的研究与应用，着力打造具有全球竞争力的冶金产业基地。尽管这些措施取得了一定的成效，但辽宁"原字号"产业的转型依然面临不少瓶颈。例如，石化产业的"炼"有余但"化"不足，冶金产业的深加工和高附加值产品的比例较低，传统的生产方式和资源依赖型的模式尚未得到根本性转变。因此，如何通过技术创新和产业升级，推动传统"原字号"产业向高端化、绿色化、智能化方向转型，成为辽宁迫切需要解决的问题。

另一方面，辽宁传统"老字号"产业面临转型升级挑战。"老字号"产业是指那些在辽宁经济中占据重要地位且历史悠久的传统产业，如装备制造、汽车制造等。长期以来，这些"老字号"产业依靠传统的技术和生产模式取得了一定的市场份额，但随着技术的进步和市场需求的变化，这些产业也面临着巨大的转型压力。辽宁近年来努力通过引入人工智能等新一代信息技术，为"老字号"产业赋能增效。比如，在装备制造领域，辽宁通过推广智能制造、工业互联网等技术，推动传统企业加速向智能制造转型。在汽车制造领域，辽宁积极布局新能源汽车产业，推进电动化、智能化的技术创新，力图抢占未来产业的制高点。然而，"老字号"产业的转型升级并非一蹴而就，仍面临着两个方面的挑战。第一，辽宁在"老字号"产业中的创新性企业较少，制造业创新型领军企业匮乏，创新能力不足，尤其是在制造业的标准体系建设和核心技术研发方面，与先进省份如江苏、广东等地仍有较大差距。第二，虽然辽宁积极引进人工智能、物联网、大数据等新一代信息技术，但传统产业的转型升级仍受到技术改造的成本和技术壁垒的制约，部分企业缺乏足够的资金和技术储备来推动这一进程。因此，辽宁在推动"老字号"产业转型的过程中，还需要加大力度推动自主创新，提升技术储备，增强产业的核心竞争力。

3.3.2 "专精特新"产业政策支持力度有待加强

"专精特新"企业在细分领域拥有独特的技术优势和创新能力，是推动产业升级和经济转型的关键力量。近年来，辽宁省政府针对"专精特新"中小企业的支持政策逐渐加码，力图通过一系列创新举措促进中小企业的高质量发展。例如，2024年12月3日，辽宁省政府发布了《辽宁省进一步促进专精特新中小企业高质量发展的若干措施（征求意见稿）》，旨在为辽宁的"专精特新"中小企业注入新的活力。现有政策在一定程度上能够应对辽宁"专精特新"中小企业所面临的资金短缺、技术创新不足、市场拓展困难等多方面挑战，但支持力度和精准性仍显不足。

一方面，辽宁"专精特新"产业政策支持力度有待加强。以生产性服务业为例，生产性服务业是先进制造业和现代服务业深度融合发展的重要表现形式，不仅能够直接带动相关领域的就业和产值增长，还能通过与制造业和其他传统产业的深度融合，激发更多"专精特新"企业的创新活力和发展潜力，能够为"专精特新"企业的快速发展提供重要支撑。然而，目前辽宁对生产性服务业的政策支持力度仍显不足，这在一定程度上制约了生产性服务业对"专精特新"企业的赋能作用，也影响了区域经济的高质量发展。从区域分布来看，辽宁较为高端的生产性服务业大多聚集在沈阳和大连，其他地区相对滞后，存在政策配套不到位、区域协调规划不够等问题。工业和信息化部办公厅公布的服务型制造示范名单显示，辽宁共52家企业入选，其中仅10家来自沈阳与大连以外的地区（详见表3-4），且主要分布在鞍山、丹东与本溪。辽宁服务业领域高技术的应用范围较窄、水平较低，难以全面地渗透到制造业领域，服务供给质量难以满足社会对高品质工业品配套服务的需求，削弱了服务业对制造业发展的拉动作用。

表 3-4   辽宁省国家级服务型制造示范名单

	示范类别	企业名称	所在地
第1批	示范企业	沈阳东软医疗系统有限公司	沈阳
		大连冷冻机股份有限公司	大连
	示范项目	沈阳鼓风机集团测控技术有限公司	沈阳
		沈阳机床股份有限公司	沈阳
		聚龙股份有限公司	鞍山
		大连惜能科技发展有限公司	大连
	示范平台	沈阳格微软件有限责任公司	沈阳
		沈阳创新设计服务有限公司	沈阳
		大连捷程伟业轴承发展有限公司	大连
第2批	示范企业	鞍山森远路桥股份有限公司	鞍山
		沈阳鼓风机集团股份有限公司	沈阳
		中车大连电力牵引研发中心有限公司	大连
	示范项目	辽宁天利再造科技股份有限公司	鞍山
		大连华阳新材料科技股份有限公司	大连
第3批	示范企业	三一重型装备有限公司	沈阳
		辽宁紫竹高科装备股份有限公司	鞍山
		辽宁思凯科技股份有限公司	丹东
		中冶焦耐（大连）工程技术有限公司	大连
		沈阳恒久安泰环保与节能科技有限公司	沈阳
	示范平台	沈阳盘古网络技术有限公司	沈阳
		辽宁省检验检测认证中心	沈阳
		沈阳铸造研究所有限公司	沈阳

续表

	示范类别	企业名称	所在地
第3批	示范平台	冰山技术服务（大连）有限公司	大连
	示范平台（共享制造类）	大连奥托股份有限公司	大连
	共享制造示范项目	沈阳顺风新材料有限公司	沈阳
		辽宁东升智能产业发展有限公司	沈阳
		大连共兴达信息技术有限公司	大连
第4批	示范企业	沈阳工业泵制造有限公司	沈阳
		迈格钠磁动力股份有限公司	鞍山
		丹东东方测控技术股份有限公司	丹东
		大连德迈仕精密科技股份有限公司	大连
		瓦房店轴承集团有限责任公司	大连
		大连达伦特香氛科技有限公司	大连
		大杨集团有限责任公司	大连
	示范平台	沈阳化工研究院有限公司	沈阳
		英特工程仿真技术（大连）有限公司	大连
		大连金马衡器有限公司	大连
	示范平台（共享制造类）	沈阳智帮电气设备有限公司	沈阳
		大连鑫海智桥信息技术有限公司	大连
	共享制造示范项目	大连市金州腾达金属构件有限公司	大连
第5批	示范企业	沈阳富创精密设备股份有限公司	沈阳
		沈阳航天新光集团有限公司	沈阳
		辽宁福鞍重工股份有限公司	鞍山

续表

	示范类别	企业名称	所在地
第5批	示范企业	沈阳和研科技股份有限公司	沈阳
		沈阳东方钛业股份有限公司	沈阳
		本溪工具股份有限公司	本溪
		大石桥市金龙耐火材料有限公司	大连
	示范平台	沈阳沈化院测试技术有限公司	沈阳
		德邻陆港供应链服务有限公司	鞍山
		大连锅炉压力容器检验检测研究院有限公司	大连
	示范平台（共享制造类）	辽宁东科电力有限公司	沈阳
		大连中汇达科学仪器有限公司	大连

资料来源：中华人民共和国工业和信息化部。

　　另一方面，辽宁"专精特新"产业政策支持精准性有待加强。辽宁虽在积极构建国家专精特新"小巨人"企业—省级专精特新企业—创新型中小企业的三级企业梯队培育体系，形成了推动中小企业高质量发展的企业领军梯队，但未能在加强产业链智能化、吸引外地产业转移、促进本地传统制造业革新和培育品牌等不同维度的堵点、断点上进行精准支持。以产业链智能化为例，根据 e-works 研究院发布的"2024中国智能制造解决方案上市公司百强榜"数据来看（如图3-4所示），辽宁仅有4家企业上榜，与广东、江苏、上海、浙江、北京等省市相比，无论从上榜企业数量还是上榜企业规模总量上，辽宁的制造业在全链条智能制造方面都较为薄弱，智能化、融合化发展水平都较低。短板尚未补齐使得产业体系完整性不足，这可能进一步导致"老字号"先进制造业后发潜能不足，未来产业发展受限，与先进省市的差距变大。

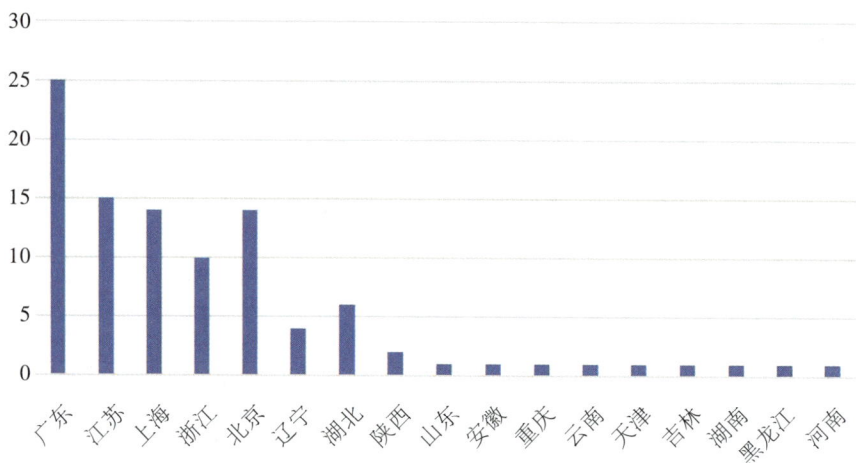

图3-4　2024中国智能制造解决方案上市公司百强分布情况

资料来源：e-works研究院。

3.3.3　非公有制经济市场主体发展环境有待改善

目前，辽宁公有制经济占比较大，非公有制经济占比相对较低。与中国制造业十大强省（按2023年规模以上工业企业营业收入排名）相比，辽宁国有城镇单位就业人员总工资占全部单位就业人员总工资比重较高，这表明辽宁公有制经济比重偏高；非国有城镇单位就业人员总工资占全部单位就业人员总工资比重较低，这表明辽宁非公有制经济比重偏低（如图3-5、图3-6所示）。

同时，国有企业在资源配置中占据主导地位，可能会对民营企业的成长空间形成挤压。这种"挤出效应"导致民营经济发展受限，难以充分施展其灵活性和创新潜力，从而对整体经济的均衡发展和市场效率造成负面影响。根据全国工商联发布的"2024中国民营企业500强"榜单，辽宁仅三家企业入选，与浙江、江苏、山东、广东等省份相比，差距过大（如图3-7所示）。民营经济作为市场经济中最具活力的部分，是推进供给侧结构性改革、推动

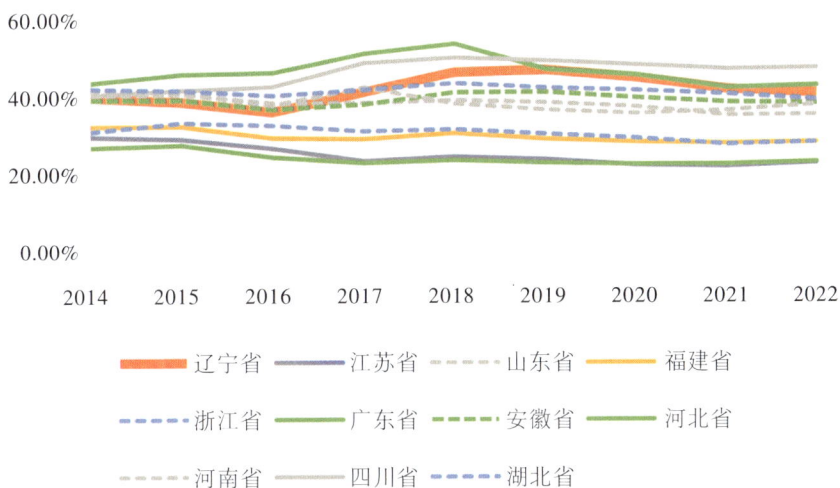

图3-5　不同省份国有城镇单位就业人员总工资占比情况

资料来源：国家统计局历年《中国统计年鉴》。

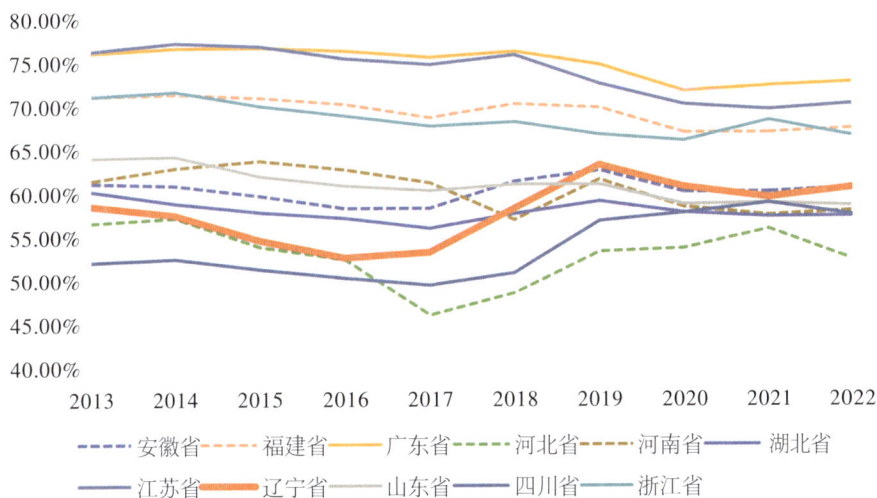

图3-6　不同省份非国有城镇单位就业人员总工资占比情况

资料来源：国家统计局历年《中国统计年鉴》。

高质量发展、建设现代化经济体系的重要主体，是辽宁振兴发展的重要力量，在扩大就业、改善民生、促进创业创新方面承担着重要作用。缺乏民营企业的有力补充，辽宁经济的多元化发展和整体竞争力受到限制，国有企业的改革与升级也缺少了来自外部市场的压力和有效反馈，难以形成良性互动和相互促进的局面。

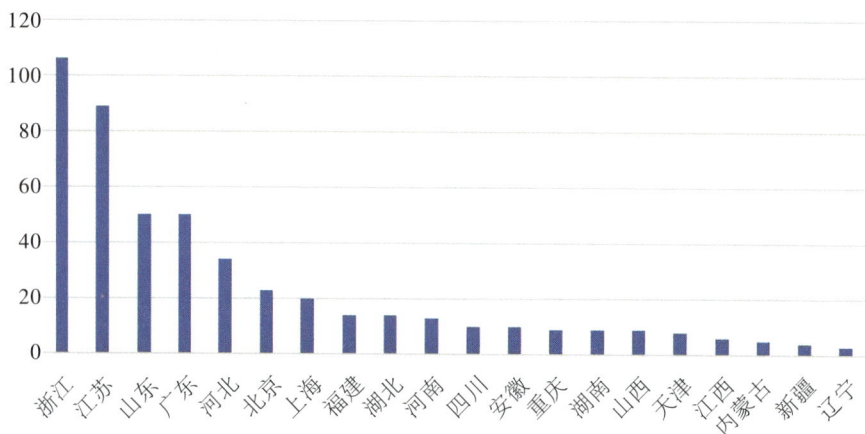

图 3-7 2024 中国民营企业 500 强各省份分布

资料来源：全国工商联发布的"2024 中国民营企业 500 强"榜单。

3.3.4 国家级先进制造业集群培育效能有待提升

辽宁在先进制造业集群建设上取得阶段性成果，但整体规模与国内其他领先省份相比仍存在一定差距。根据工业和信息化部公布的国家级先进制造业集群名单，截至 2024 年，辽宁共有 4 个制造业集群入选，包括沈阳市机器人及智能制造集群、沈阳航空集群、沈大工业母机集群和大盘绿色石化集群，数量居全国第六位，与江苏（14 个）、广东（8 个）和浙江（8 个）等省份相比，仍存在一定的发展差距。总体来看，辽宁集群规模不够大、聚集度不高，集群内龙头企业竞争力有待提高，中小企业集聚效应不足，产业链协同效应与创新能级仍需强化。以沈阳航空集群为例，尽管其以沈飞、黎明等龙头制造企业，沈阳航空航天大学等研发支撑单位为核心，围绕"军民燃+低空经济"4大产业体系，形成了"双核—基地"空间布局的产业集群，但集群产业规模尚不足千亿元，与长三角（含江西）工业产值超千亿元的大飞机集群相比差距明显。为此，辽宁应根据不同产业集群的特征，分类施策，加强产业集群发展监测、预警和引导。此外，辽宁部分先进制造业集群具有跨区域特征，应从提升产业集群整体竞争力视角看区域协调发展，在破除行政壁垒、促进要素自由流动、加强产业链分工协作等方面下功夫，推进区域间生产力合理布局和产业高效分工。

第4章
辽宁现代化产业体系建设的总体思路

在全球产业链供应链价值重构的背景下，辽宁现代化产业体系建设要牢牢把握自身在维护国家"五大安全"中的重要使命，用好国内国际两个市场、两种资源，以统筹传统产业转型升级和战略性新兴产业培育壮大为主线，构建现代化产业体系发展新格局；以"因地制宜盘活优质存量资源、循序渐进发展增量资源"为支撑，打造现代化产业体系雁阵新梯队；以数字经济赋能"智造强省"为牵引，培育现代化产业体系竞争新优势。这既是辽宁以"46922+X"现代化产业体系建设为重要载体，以推动短板产业补链、优势产业延链、传统产业升链、新兴产业建链为主要抓手，做好产业结构调整"三篇大文章"的关键举措，也是加快打造新时代"六地"、奋力谱写中国式现代化辽宁新篇章的根本遵循。

4.1 构建现代化产业体系的发展新格局

辽宁作为工业大省、农业大省、科教大省、文旅大省，拥有一批关系国民经济命脉和国家安全的战略性产业，肩负着维护国家"五大安全"的重要使命，应根据"因地制宜盘活优质存量资源，循序渐进发展增量资源"的总体思路，充分发挥工业体系完备、科教和人力资源丰富等比较优势，在以4个万亿级产业基地、22个重点产业集群为代表的存量资源基础上，将以农林产品深加工、重大环保技术装备为代表的6个千亿级产业集群，以军民融合、服务型制造为代表的9个关联性产业集群，以细胞治疗、元宇宙、高端文旅装备为代表的X个未来产业有机嵌入，着力构建以维护国家"五大安全"为战略导向的"46922+X"现代化产业体系（如图4-1所示）。在"46922+X"现代化产业体系中，6个千亿级产业集群具有维护国家"五大安全"的显著特征，9个关联性产业集群具有融合性的突出特点，两者的有机嵌入既能够拓展现代化产业体系中与维护国家"五大安全"直接相关的产业类别、更好地履行维护国家"五大安全"的战略使命，还能够通过产业关联效应，推动新旧发展动能耦合衔接，促进各类要素资源有序流动，进而通过产需对接、优势互补等方式，提高4个万亿级产业基地和22个重点产业集群之间的产业链供应链依存度，提升辽宁"46922+X"现代化产业体系的完整性和安全性。未来产业具有技术突破性、高成长性等特点，是辽宁抢占产业发展制高点的关键所在。X个未来产业的有机嵌入将产生显著的创新溢出效应，并通过产业链供应链传导机制，持续增强22个重点产业集群对传统产业转型升级的拉动作用，从而确保辽宁"46922+X"现代化产业体系既能够切实肩负起维护国家"五大安全"的政治使命，又能够长期保持先进性。

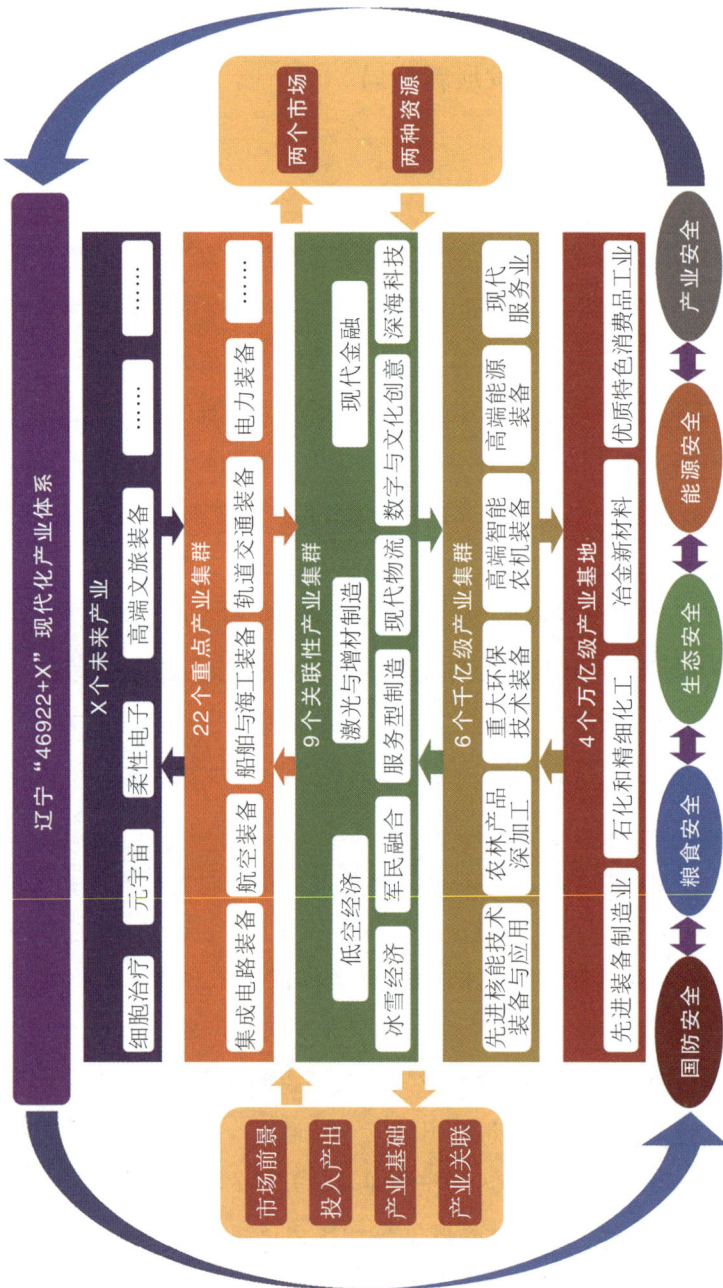

图 4-1　辽宁现代化产业体系框架

辽宁现代化产业体系的发展新格局，要以推动产业空间布局科学化、分工协作精细化为核心，以区域优势互补、要素高效流动为支撑，着力构建分工明确、协同高效的"46922+X"产业体系。辽宁在构建现代化产业体系发展新格局的过程中，应鼓励各地区根据自身的资源禀赋和产业基础，科学培育优势突出的特色产业集群，并通过将地区优势特色产业紧密对接全省产业协同的总体发展战略，在全省层面构建层次清晰、重点突出的全域产业发展格局，最终形成优势互补的产业协作体系。辽宁构建现代化产业体系的发展新格局的关键着力点在于：

一是因地制宜发展区域特色产业。党的二十大报告指出："深入实施区域协调发展战略、区域重大战略、主体功能区战略、新型城镇化战略，优化重大生产力布局，构建优势互补、高质量发展的区域经济布局和国土空间体系。"辽宁依托丰富的农业、矿产和海洋资源，在长期发展中积累了深厚的工业基础，各个区域形成了特色鲜明的产业发展格局。辽宁应在充分借鉴长三角、珠三角、京津冀等地区建设具有区域特色的现代化产业体系基础上，科学研判各地区比较优势，因地制宜构建特色产业分工体系，以全产业链协同理念推动产业转型升级，形成以沈阳和大连为双核引领、多点协同支撑、产业链与产业集群联动发展的产业格局。沈阳、铁岭、盘锦等地农业资源丰富，应依托先进农业科技，推动粮油、畜禽、果蔬等产业向精深加工方转型升级，构建从农业生产、加工制造到品牌销售的完整产业链。铁岭可加快建设粮油加工产业基地，提升粮食精深加工能力，构建高端功能性食品产业链；盘锦可依托大米、河蟹等特色农业资源，发展高端农产品品牌，提升农产品附加值。沈阳、大连、鞍山等地具备完整的工业体系和雄厚的技术积累，应围绕"打造国家重大战略支撑地"目标，加快产业数字化、智能化、绿色化转型进程，推动产业链纵向延伸和横向协同发展。沈阳作为国家先进装备制造业基地，应重点发展机器人、航空航天、数控机床等高端制造产业，构建高端装备制造全产业链；鞍山作为全国重要的冶金新材料生产基地，应围绕绿色冶金、特种钢材、新型合金材料等领域，增强高端原材料供给能力，为全省制造业提供基础支撑；本溪、抚顺等城市可依托石化和新材料产业基础，加快精细化工、先进化工新材料的发展，促进化工产业链向高端延伸，建设智能化、绿色化的新型化工基地。大连、营口、丹东等城市具有独特的沿海优势和海洋资源条件，可在海洋产业、港口物流、跨境贸易等领域培育发展优势。因此，应促进渔业养殖、海洋装备制造、海洋生物科技、海洋旅游等产业协同发展，构建海洋经济全产业链。大连可围绕海洋工程装备制造、船舶制造等领域，建设国家级海洋装备制造基地，并加快深远海智能养殖装备和海洋能源开发装备的技术突破；营口可依托港口物流枢纽优势，促进海洋冷链物流、跨境电商、港航金融等业态发展，提升东北地区对外贸易竞争力和国际市场覆盖范围；丹东则可依托海洋特色资源，推动海洋生物医药、海产品深加工和滨海旅游融合发展，构建"渔业—加工—物流—文旅"一体化的蓝色经济增长极。在此过程中，针对部分城市资源枯竭的发展现状，要防止对发展资源的过度消耗，重点培育可持续性更强的发展资源。在开发文旅资源方面，辽宁近年来深入挖掘红色文化资源，凝聚新时代振兴发展的磅礴力量，推动红色文化资源焕发活力、彰显价值。同时，深入挖掘历史文化资源，发掘中华优秀传统文化，将文化优势转化为产业优势。例如，朝阳围绕牛河梁红山文化遗址，深入挖掘"红山文化"产业价值，打造具有影响力的文化品牌，为其他城市发展特色产业提供了借鉴（详见专栏4-1和专栏4-2）。

专栏4-1   辽宁用好红色"六地"文化资源的发展实绩

辽宁以"抗日战争起始地、解放战争转折地、新中国国歌素材地、抗美援朝出征地、共和国工业奠基地、雷锋精神发祥地"六大红色文化资源为核心，依托《辽宁省红色旅游发展规划（2022—2030年）》《辽宁省文旅产业高质量发展行动方案（2023—2025年）》等政策，推动"红色旅游+"深度融合发展，为培育具有辽宁特色的现代化产业体系探索出了新的路径。

依托红色"六地"，辽宁构建起"一核、三片、四廊、多点"红色旅游发展格局，并推出10条省级红色旅游经典线路和54条精品线路，其中5条入选"建党百年红色旅游百条精品线路"，数量居全国第一。

同时，辽宁以"红色旅游+"为抓手，推动红色文化与城乡发展、产业提升以及生态建设等方面深度融合。依托生态环境资源，朝阳市尚志乡结合赵尚志烈士陵园与赵尚志将军故居资源，将自身建设成为以红色教育与旅游为特色的美丽乡村建设示范村。2021年以来接待游客超20万人次，带动了当地经济发展；依托山地冰雪资源，辽宁打造了包含抚顺市雷锋纪念馆的"欢乐冰雪　冬韵辽宁"国家级冰雪旅游精品线路，不仅提升了红色文化的知名度和影响力，也推动了区域冰雪经济的发展。

资料来源：本课题组根据公开资料整理。

专栏4-2　　　**加快推进以牛河梁红山文化资源**
开发利用为代表的文体旅融合发展

辽宁通过深度挖掘牛河梁红山文化遗址等文化资源的潜力，积极探索文化、体育与旅游融合发展新模式，为构建现代化产业体系的发展新格局提供了新思路。牛河梁红山文化遗址作为中华文明的重要起源地之一，其保护性开发与申遗工作不仅激活了沉睡五千年的文化基因，还催生出多元化的文旅产业业态，有力推动了区域经济发展。此外，被誉为"世界上第一只鸟飞起的地方"和"第一朵花绽开的地方"的朝阳市依托世界级化石资源构建起集科普教育、文创开发、沉浸式旅游于一体的产业链条，生动诠释了文化遗产的现代转化路径。

除了牛河梁红山文化遗址、鸟化石国家地质公园和辽宁古生物博物馆外，辽宁还有沈阳故宫、本溪水洞、朝阳凤凰山等著名景区。通过整合这些特色旅游资源，辽宁已打造多条精品旅游线路，文体旅深度融合发展持续向前推进。未来，辽宁将继续深化文化、体育和旅游的融合，打造更多具有国际影响力的旅游品牌。通过文化赋能、体育牵引、旅游带动,推动文化、体育和旅游向更广范围、更深层次、更高水平融合发展。加快推进以牛河梁红山文化资源开发利用为代表的文体旅融合发展,不仅能够提升辽宁的文化影响力和旅游吸引力,还能为游客提供更加丰富多样的旅游体验,推动辽宁文旅产业实现高质量发展,为建设"高品质文体旅融合发展示范地"奠定坚实基础。

资料来源:本课题组根据公开资料整理。

二是深入推进特色产业集群化发展。产业集群作为构建现代化产业体系的重要载体,其关键在于通过集聚产业发展要素、激发产业内生动力、提升产业内部协同性,促进现代化产业体系规模化发展。辽宁现代化产业体系集群化发展的关键环节在于:第一,确保产业地理集中。产业集群化发展尤为重视产业链、创新链在地理空间上的集聚,需要产业链各主要环节的企业在同一区域内协同发展①。辽宁应重点依托产业园区、科技园区等打造产业集聚核心区,构建产业集群发展引领地,形成"核心区+辐射区"的空间格局。一方面,要充分发挥资源和产业基础优势,集中资源优化产业链关键环节的要素配置,着力建设具有行业竞争力的"核心区"。另一方面,要充分发挥"核心区"的辐射带动能力,促进周边区域的相关产业和配套服务向产业链上下游延伸,打造核心产业辐射区,提升区域整体协同性。第二,保障产业链供应链的完整性。现代化产业体系是由原材料供应、技术研发、生产制造、供应链管理、市场拓展等多个环节构成的复杂系统,各环节的高效衔接直接决定了产业集群的核心竞争力。辽宁要立足自身资源禀赋和产业基础,充分借鉴美国在工业关键领域加快推进制造业振兴的成功经验,以产业链强链、补链为核心目标,推动产业链上下游深度融合,提升产业链整体竞争力。一方面,围绕原材料供应进行强链、补链。依托鞍山、本溪等资源型

---

① DIODATO D, NEFFKE F, O'CLERY N.Why do industries coagglomerate? How Marshallian externalities differ by industry and have evolved over time [J]. Journal of Urban Economics, 2018(106): 1-26.

城市，着力提升钢铁、有色金属等基础原材料产业的精深加工能力，同时推进资源开发的绿色化和智能化升级。通过加强与下游制造企业的合作，形成从资源到初级产品再到终端制造的完整供应链，保障关键原材料环节对产业链的稳定支撑。另一方面，聚焦技术研发进行强链、补链。以沈阳、大连等地的产业园区、科技创新中心为依托，促进产学研深度融合，强化产业链关键环节的技术攻关能力。特别是在智能制造、新材料、绿色能源等领域，加大对"卡脖子"技术的研发投入，构建"技术研发—成果转化—规模应用"的一体化链条，消除技术短板对产业链的制约。第三，确保企业协同发展。现代化产业体系建设需要企业在生产、研发和决策中实现高效协同①。以研发为例，在产业集群的创新链条中，龙头企业作为核心引领力量，凭借雄厚的研发能力和资金储备，可承担大规模关键核心技术攻关任务，在实现"卡脖子"技术自主突破方面发挥核心作用。服务商和中介机构作为产业链的重要支撑力量，通过提供市场分析、成果管理等专业服务，提升企业研发流程效率，降低研发成本，提高技术转化效率。同时，中介机构还能够统筹创新研发所需的资金、人才、政策等关键资源，为企业提供持续稳定的技术攻关支持。中小企业凭借灵活的组织架构和快速的市场响应能力，在特定技术细分领域中展现独特优势。相较于大型企业，中小企业在技术研发方向的调整上更具灵活性，可将"小而美"的创新成果迅速转化为具体产品，有效填补市场空白和需求缺口，成为产业集群内的重要支撑力量。辽宁现代化产业体系集群化发展需以强化企业间协作互动为核心，形成以龙头企业为引领、服务商为支撑、中小企业为补充的多层次产业生态②。通过强化龙头企业在技术攻关和资源整合中的引领作用，发挥服务商在研发支持、市场开拓和技术转化中的支撑作用，同时引导中小企业深耕细分领域，填补产业链关键环

---

① TENCATI A，ZSOLNAI L.The collaborative enterprise［J］. Journal of Business Ethics，2009（85）：367-376.
② 李国杰. 经济内循环为主条件下技术创新的路径选择［J］. 中国科学院刊，2020，35（9）：1152-1155.

节,构建各类主体分工明确、优势互补的产业发展格局。

三是加快推动区域间特色产业协调发展。区域协调发展是构建现代化产业体系的重要路径。其关键在于通过区域间的资源共享和分工协作,破除区域发展壁垒,充分发挥区域间的比较优势,实现"1+1>2"的倍增效应[①]。辽宁在构建现代化产业体系过程中,需明确不同地区在产业链中的分工定位,加强各城市在维护国家"五大安全"中的分工协作,构建各具特色、相互支撑的安全保障体系(详见专栏4-3)。当前,辽宁在优质人力资源、先进科学技术、现代金融资源等支撑条件上还存在一定短板,全要素生产率和科技进步贡献率有待提升,新旧发展动能衔接不足。为此,要优化要素支撑体系,加快推进实体经济、科技创新、现代金融、人力资源协同发展,不断提升知识、数据、金融等要素对经济增长的贡献水平,推动优质高端要素和实体经济相互支撑。

专栏4-3 辽宁部分城市在维护国家"五大安全"中的产业分工

辽宁地处东北亚经济圈和环渤海经济圈交汇处,资源禀赋丰富、工业基础雄厚、区位条件优越,是我国重要的工业基地和能源供应地,负有维护国家"五大安全"的重要使命。全省在石化、钢铁、装备制造、现代农业、港口物流等领域拥有完备的产业体系,但同时也面临产业链条短板、区域协调不足、传统产业转型压力较大等挑战。因此,辽宁在加快构建现代化产业体系过程中,应立足自身资源和产业基础,聚焦维护国家"五大安全"的政治使命,明确城市职能定位,形成分工协作、协同发展的区域产业新格局。

● 沈阳市:夯实产业安全和国防安全根基,打造高端制造和国防科技高地。沈阳市作为辽宁省的政治、经济、科技中心,在维护国家国防安全和产业安全方面承担着重要使命。沈阳市应立足深厚的工业基础和雄厚的科技创新实力,聚焦高端制造业和国防科技产业,推动产业链自主可控和高端化升级,筑

[①] 孙斌栋,郑晓辉. 从"点—轴系统"理论到大国多中心区域协调发展模式 [J]. 地理学报,2024,79(12):2991-3006.

牢现代化产业体系的安全底座。一方面，要加快发展先进装备制造业，重点布局机器人及无人机、航空装备等产业集群，提升产业链安全性和自主可控能力。另一方面，要强化国防科技工业布局，依托航空航天产业基础，打造航空航天产业集群，突破航空发动机、航空电子、特种材料等核心技术，增强航空产业链的完整性和自主可控能力，建设国内一流的航空航天产业基地。

● 大连市：构建产业安全与能源安全双支柱，打造海洋经济与数字经济双引擎。大连市作为辽宁省外向型经济的桥头堡，同时也是全省融入全球市场的重要门户，是辽宁省重要的产业安全和能源安全保障区。一方面，加快建设万亿级石化和精细化工产业基地，围绕炼化一体化、精细化工和高性能新材料等关键领域，提升产业链核心环节技术突破能力，确保辽宁在精细化工、新能源材料等高端产业中的自主可控水平。要推动石化产业与智能制造、绿色能源等深度融合，优化港口临海产业带布局，提升石化产业链韧性，确保关键工业原料供应安全。同时，要聚焦高端制造，加快布局千亿级高端能源装备和海洋工程装备，提升海上油气开发、深海装备制造、智能船舶制造等领域的核心竞争力，打造国际一流的海洋装备制造基地，确保我国海洋产业链供应链的战略安全。另一方面，充分发挥沿海区位优势，打造东北地区氢能技术与应用产业集群，围绕氢能制备、储运、应用全链条，推进绿氢制取、大规模储运技术攻关，推动氢能在港口运输、海上装备、电力调峰等领域的示范应用，建设全国氢能产业示范区。同时，推动海上风电与智能电网融合发展，利用辽东湾海域丰富的风能资源，打造海上风电装备产业链，推动海上风电、智慧电网、储能装备协同发展，构建清洁、高效、安全的能源供给体系，提升辽宁省在国家能源安全保障体系中的地位。

● 鞍山市：筑牢产业安全屏障，打造新材料与绿色冶金高地。鞍山市作为全国重要的钢铁冶金基地，重点承载着维护国家产业安全的战略使命。应充分发挥钢铁产业基础优势，加快高品质钢铁材料、特种合金材料、超高强度钢等产品的研发生产，满足高端制造业、航空航天、新能源汽车等领域对高性能钢材的需求，构建具有国际竞争力的万亿级冶金新材料产业基地，为全省先进制造业、高端装备制造、国防科技工业等关键领域提供坚实的基础材料保障。同时，要积极响应"双碳"目标，推动冶金产业绿色低碳转型，加强氢冶金、废钢循环利用、超低排放控制等绿色冶金技术研发和应用，加快建设全国绿色低碳冶金产业示范区。

● 朝阳市：强化生态安全与新能源产业融合，打造绿色发展先行区。朝阳市作为辽宁省生态资源富集地区，肩负着维护生态安全和推动新能源产业发展的双重使命。应充分发挥资源优势，加快推进新能源与环保装备制造业协同发展，打造全国领先的绿色产业示范区，形成生态保护与高质量发展双赢的新格局。一方面，要加强流域水资源保护、森林生态修复等关键领域的生态工程建设，依托千亿级重大环保技术装备产业集群，推动大气污染治理、水资源循环利用、固废处理等绿色环保技术装备制造业发展，为全省生态环境治理提供先进装备与技术支撑。另一方面，推进风电、光伏、生物质能等可再生能源的规模化开发，打造全国领先的新能源产业基地。

● 铁岭市：筑牢粮食安全屏障，打造现代农业与农产品深加工高地。铁岭市作为辽宁省重要的粮食主产区，应立足自身资源禀赋，推动粮食全产业链发展，打造东北地区乃至全国重要的粮食产业基地。全面实施"藏粮于地、藏粮于技"战略，加快推进高标准农田建设、耕地质量提升、黑土地保护和农业水利工程建设，构建高产稳产的农业生产体系。重点在昌图县、西丰县等粮食主产区发展优质水稻、玉米、大豆种植基地，扩大绿色有机粮食种植规模，提升粮食品质竞争力。在此基础上，推动千亿级农林产品深加工产业集群建设，加快布局粮油加工、饲料加工、畜禽产品精深加工等产业，重点发展高端大米、玉米深加工、豆制品、乳制品、肉禽加工等特色产业，形成"粮食种植—加工—流通—品牌营销"全链条产业体系。

资料来源：本课题组根据公开资料整理。

4.2 打造现代化产业体系的雁阵新梯队

辽宁打造现代化产业体系的雁阵新梯队，要充分发挥各类企业的市场主体作用，建立健全分层分类的企业梯次培育机制，着力强化不同层级企业间的协同效应，加快构建主体多元、结构优化、协同高效的雁阵型产业发展格局。辽宁打造现代化产业体系雁阵新梯队的关键着力点在于：

一是打造头雁带动、强雁支撑、新雁聚势的企业发展梯队。在全球产业链供应链价值深刻重构的背景下，现代化产业体系的竞争重心已经由传统的单一企业竞争转变为产业链、供应链的全面竞争。构建多层级企业协同联动、上下游高效协作的产业链供应链网络，有助于在全球产业竞争中占据主动位置。而在构建产业链供应链网络过程中，头雁企业、强雁企业、新雁企业协同发力、各展所长，共同组成梯次有序、分工明确的发展结构，为现代化产业建设提供强大支撑。其中，作为"链主"的头雁企业能够凭借其在市场规模、技术水平、资源整合等方面的相对优势，通过输出技术标准、释放订单资源、构建行业平台等方式向下输出发展动能，带动强雁企业和新雁企业补齐在研发能力、市场拓展等方面的能力短板。新雁企业作为雁阵中的新生力量，其发展活力较强、能够补齐产业链供应链薄弱环节，反哺整个产业体系的发展活力和韧性。强雁企业通常位于产业链中游的关键节点，是稳固关键环节的骨干力量，具备较强的产业配套和技术协同能力，能够作为连接头雁企业产能输出和新雁企业技术吸纳之间的"功能中枢"。构建头雁带动、强雁支撑、新雁聚势的雁阵型企业发展梯队，有助于推动产业链上下游形成结构稳定、运行高效、协同有序的联动机制，提升区域产业体系的整体竞争力和抗风险能力。具体来看，在头雁带动方面，应充分发挥龙头企业在产业链供应链中的牵引作用，鼓励其加大研发投入，重点布局国家级技术创新中心和重点实验室，聚焦突破"卡脖子"环节的关键核心技术。同时，支持龙头企业以"链主"身份统筹上下游资源，通过订单分包、技术授权、成果共享、标准输出等机制，带动强雁和新雁企业提升技术能力和市场响应速度，进而增强整个产业链的附加值和协同性（详见专栏4-4）。在强雁支撑方面，应加快实施"强雁企业培育工程"，重点扶持一批具备技术基础、市场潜力和专业聚焦度的骨干企业，在关键零部件、核心工艺、专用装备等环节发挥稳链强链的功能。通过设立专项支持基金、引导企业实施数字化和智能化改造、强化标准体系认证等方式，提升其在产业链关键节点的资源整合力和战略传导能力。在新雁聚势方面，应加快培育一批创新活跃、成长性强、细分领域聚焦的中小企业群体，引导其在新兴赛道和高潜力场景中形成差异化突破。围绕"早期孵化—快速加速—规模成长"的递进路径，重点建设一批专业化孵化器、加速器与综合服务平台，构建贯通技术转化、场景应用、市场对接的全链条支撑体系。同时，加快完善新雁企业与头雁企业、强雁企业之间的协作接口机制，推动其通过联合研发、协同制造、订单协作等方式高效嵌入雁阵网络，逐步实现由边缘节点向核心环节的能力跃升，最终构建起结构合理、层级分明、协同高效的现代企业梯队体系。

专栏4-4　　　　　从"自我跃升"到"生态引领"

——华润雪花啤酒助力辽宁打造万亿级优质特色消费品工业产业基地

近年来，随着全球产业链供应链深刻重构，产业生态的完整性和产业链供应链内部的协同性正日益成为衡量区域产业竞争力的关键因素。作为产业链供应链的关键组成部分，龙头企业正在由过去的产能领跑者演变为产业生态构建的引领者。在我国新一轮产业结构调整和消费升级的背景下，华润雪花啤酒辽宁有限公司（以下简称华润雪花啤酒）作为在辽宁全面振兴新突破三年行动首战之年作出突出贡献的企业，生动展现出一条从"自我跃升"到"生态引领"的链主企业成长路径，为辽宁建设现代化产业体系探索可复制、可推广的"链主模式"。

创新领航，质效双升。在发展初期，华润雪花啤酒通过严控产品质量、推进产品升级，较早迈出了"自我跃升"的关键一步，逐步成长为辽宁乃至全国范围内啤酒行业的领军企业。一方面，在不断整合省内啤酒市场、推动产能规模迅速扩张的过程中，华润雪花啤酒始终坚持统一的酿造工艺标准和严格的设备改造要求，确保企业的扩张进程不以牺牲产品质量为代价。例如，在2009年收购天柱啤酒、松林啤酒和洛克啤酒后，华润雪花啤酒积极对其进行技术改造，提升其设备规格，确保达到生产"雪花"啤酒的要求。另一方面，华润雪花啤酒紧扣国内消费升级趋势，不断加快高端产品研发和市场布局，推出了勇闯天涯SuperX、马尔斯绿、脸谱花脸等创新产品。为增强产品创新能力，华润雪花啤酒设立了科研中心，围绕新产品、新工艺、新装备、新材料等进行研发突破，并取得了一系列成果。2024年，华润雪花啤酒荣获"中国酒业科技突出贡献奖""中国酒业协会科技进步奖二等奖"等荣誉。经过二十多年的发展，华润雪花啤酒的龙头地位稳固，长期保持国内第一的市场份额，2023年市场份额占比约为31%，比第二名高出近9%。

强链育群，生态赋能。在实现"自我跃升"的过程中，华润雪花啤酒充分发挥引领作用，成为辽宁构建啤酒产业生态的关键力量。通过有效整合辽宁啤酒市场，华润雪花啤酒打破了省内"小啤酒厂林立、各自为战"的割据格局。这一过程中，曾在大连、抚顺、朝阳、辽阳等地具有一定市场影响力的部分本土品牌，或被纳入华润雪花啤酒的生产体系并进行改造，或因竞争力不足而退出市场。其结果是，辽宁啤酒行业实现了由分散低效向集中高质的转型，产业集中度和抗风险能力提升。同时，华润雪花啤酒还围绕酿造主业，构建起了一套较为完整的本地化供应链体系：上游麦芽、啤酒花、淀粉、酵母等原材料供给链稳定充足，两片罐、玻璃容器、瓶盖、包装印刷等制造领域配套体系完善；下游物流运输链稳定通畅，可充分保障沈阳市数万家餐饮、便利店、酒吧、电商等零售终端的运输需求。在品牌文化层面，华润雪花啤酒还积极推动啤酒消费与城市文化深度融合，通过开展啤酒嘉年华、啤酒消费文化等多项活动，持续增强啤酒产业的社会认同与文化张力。2024年10月，沈阳在第二十一届中国国际酒业博览会上被授予"世界美酒特色产区·中国啤酒之都·沈阳"称号，雪花啤酒作为城市主品牌，在提升辽宁啤酒知名度、美誉度和文化影响力方面发挥了关键作用。

在二十余年的发展历程中，华润雪花啤酒始终以技术创新和产品升级为驱动，以产业生态协同为导向，形成了一条从"自我跃升"到"生态引领"的高质量发展路径。华润雪花啤酒不仅为辽宁消费品工业优化升级提供了坚实支撑，也为中国制造业链主企业的价值重构与区域产业生态构建提供了典型示范。面向未来，华润雪花啤酒有望在辽宁打造万亿级特色消费品工业基地中发挥更大作用，为新时代推动辽宁加快建设现代化产业体系、当好东北全面振兴的排头兵、扎实推进中国式现代化辽宁实践做出更大贡献。

资料来源：本课题组根据公开资料整理

二是构建国企引领、民企协同、外企赋能的梯队化发展格局。在辽宁现代化产业体系建设中，国有企业作为产业链的"稳定器"和"压舱石"，在重工业、能源、石化、装备制造等领域发挥着不可替代的支撑作用。与此同时，民营企业作为创新主体，外资企业作为国际化驱动力量，三者协同发展、互补共进，才能构建更加完整、高效、具有全球竞争力的现代化产业体系[①]。辽宁现代化产业体系建设应充分借鉴广东、江苏等地的成功经验，推动龙头企业与中小企业协同发展。以国企牵引、民企补链、外企赋能为产业链协同发展的基本方针，推动全产业链整合升级，强化"专精特新"企业扶持政策，构建"国企龙头引领、民企协同创新、外企开放融合"的现代产业体系。第一，巩固国有企业在产业链中的主导地位，增强产业体系的安全性和自主可控能力。依托国有龙头企业，打造一批在全球具有竞争力的"链

---

① 中国社会科学院工业经济研究所课题组，曲永义．产业链链长的理论内涵及其功能实现[J]．中国工业经济，2022（7）：5-24．

主"企业，强化辽宁对产业链关键环节的掌控力。例如，鞍钢集团、本钢集团要围绕高端冶金材料产业，突破高强度钢、高温合金、航空钛合金等核心技术，提升在新能源汽车、航空航天、海洋工程等高端制造领域的核心配套能力；中国石油抚顺石化、辽阳石化应加快绿色化工、高端化学品研发，推动光刻胶、特种工程塑料、高性能树脂等高附加值产品量产化，打造具有国际竞争力的国家级石化新材料产业基地；沈阳飞机工业集团要加快航空发动机、无人机等核心技术研发，并与沈阳新松机器人、沈阳机床等智能制造企业深度合作，推动智能制造与国防工业融合，增强产业链的自主可控能力。第二，发挥民营企业创新活力，强化"专精特新"企业在关键环节的支撑能力，推动产业链整体优化升级。推动民企深度嵌入产业链，形成国企稳链、民企补链、产业链上下游协同的发展格局。例如，装备制造产业方面，沈阳鼓风机集团要加强对中小型智能制造企业的技术赋能，推动高端工业风机、压缩机在自动化控制系统中的集成应用，推动相关产业链企业提升核心技术水平，助力辽宁省制造业向高端化迈进。沈阳机床集团应联合本地精密制造企业，推动机床智能化升级，提高装备制造业的智能制造能力，打造面向全国的智能机床产业基地。软件信息产业方面，东软集团应依托大连高新区的科技创新资源，带动软件开发、工业互联网、人工智能应用等领域的中小科技企业，构建全国领先的工业软件研发基地，补齐辽宁在工业软件领域的短板。航天科工沈阳自动化研究所要加强与智能控制、机器人视觉感知等领域的创新型企业协同研发，推进工业机器人与自动化控制系统的规模化应用，提升辽宁在智能制造领域的全国影响力。石化与新材料产业方面，中国石油抚顺石化、辽阳石化要主动吸纳化工新材料、电子化学品、特种精细化工企业，推动高端合成材料、光刻胶、高性能树脂等新兴产业链向下游延伸，打造具有国际竞争力的石化产业集群。鞍钢集团、本钢集团应深化与高端金属加工企业的合作，重点攻关高强度钢、高温合金、航空钛合金等新材料技术，带动下游装备制造、轨道交通、航空航天等产业链整体升级。第三，深化外资企业合作，增强产业链国际化竞争力。充分利用外资企业在技术、资本、市场资源等方面的优势，鼓励本地企业与外企加强合作，构建更加开放、互利共赢的现代化产业体系。例如，沈阳应围绕先进制造、航空航天、生物医药等前沿领域，加强与德国、日本、韩国企业的技术合作，推进中德、中日产业园区建设，强化先进制造产业链的国际化水平；大连作为辽宁自贸试验区的核心区域，应积极吸引跨国公司设立区域总部、研发中心、供应链管理中心，在数字贸易、海洋装备、新能源等领域深化合作，提升辽宁产业链在全球供应链中的嵌入度；营口、丹东等沿海城市要利用港口优势，打造东北亚港口经济枢纽中心，吸引更多外资企业设立高端制造基地和物流集散中心，推动辽宁产业链向全球价值链高端环节攀升。

4.3 培育现代化产业体系的竞争新优势

辽宁培育现代化产业体系的竞争新优势，既要加速推进石化、消费品工业等传统产业转型升级，也要培育壮大软件和信息技术服务、集成电路装备等战略性新兴产业，还要前瞻性发展细胞治疗、元宇宙等未来产业。数字经济作为引领产业变革和发展动能转换的重要驱动力，正在成为重组全球要素资源、重塑全球经济结构、改变全球竞争格局的关键力量，既能够加速传统产业转型升级，还能够为战略性新兴产业和未来产业的集群化、融合化发展提供关键引擎，赋能辽宁"46922+X"现代化产业体系向价值高端化跃进[①]。在构建现代化产业体系过程中，辽宁应牢牢把握数字经济发展的新机遇，将数字经济作为培育竞争新优势和推动高质量发展的核心引擎。以构建完善的数字经济政策支持体系为抓手，推动数字产业化和产业数字化双轮驱动，夯

---

① 洪银兴，任保平. 数字经济与实体经济深度融合的内涵和途径［J］. 中国工业经济，2023（2）：5-16.

实现代化产业体系基础，提升数字经济在产业体系中的赋能作用，加快构建以数字经济为核心的竞争新优势，为辽宁在新时代实现全面振兴新突破提供不竭动力和坚实支撑。辽宁构建现代化产业体系的竞争新优势的关键着力点在于：

一是加快推动以数字产业化为导向的创新应用，夯实现代化产业体系建设的技术基础。数字产业化是将数字技术转化为具有规模化生产能力和市场化交易潜力的产品和服务的过程，其产业范围涵盖电子信息制造业、软件与信息技术服务业、互联网产业、电信服务以及广播电视业等多个领域，如今已发展成为智能制造、数字金融、数字文化等多个新兴产业，是数字经济的基础性、引领性产业[①]。作为数字经济发展的核心引擎，数字产业化以其强大的技术创新能力和广泛的应用场景，不仅能够成为推动数字技术自主创新的重要源泉，为各行业注入新的发展动能；还能够为现代化产业体系构建创造新的经济增长点，成为培育经济新动能的重要途径。辽宁现代化产业体系构建应在充分借鉴德国工业4.0建设总体思路的基础上，坚持以数字产业化为引擎，以科技创新为动力源泉，以市场需求为导向，加速数字技术的规模化应用和市场化转化，全面提升产业体系的质量和竞争力。要以发展壮大数字产业为基础，聚焦电子信息制造业、软件和信息技术服务业、工业互联网等重点领域，加快培育具有自主创新能力和核心竞争力的数字产业集群。在此过程中，要立足辽宁雄厚的工业基础，深化数字技术与传统产业的深度融合，推动制造业向智能化、绿色化转型，服务业向高端化、数字化升级，构建"数字+"赋能的全产业链生态体系。同时，着力完善政策支持、创新平台和市场化资源配置体系，充分释放数据要素价值，为实现辽宁经济高质量发展和全面振兴注入强大动力，打造具有全国影响力的数字经济示范区和竞争新高地。当前，沈阳市在数字核心产业发展探索过程中取得了一定的成效，为辽宁其他城市培育现代化产业体系的竞

---

① 唐要家，唐春晖. 数字产业化的理论逻辑、国际经验与中国政策［J］. 经济学家，2023（10）：88-97.

争新优势提供了有益启示（详见专栏4-5）。

专栏4-5　沈阳市机器人产业集群入选国家级先进制造产业集群

作为我国机器人产业的重要发源地，沈阳市凭借深厚的技术底蕴和强大的创新能力，构建起以中国科学院沈阳自动化研究所、新松机器人自动化股份有限公司等为核心的机器人及智能制造集群。2022年，沈阳市机器人及智能制造集群成功入选国家级先进制造产业集群，这不仅提升了辽宁省在全国制造业中的地位，更为辽宁省培育现代化产业体系的竞争新优势提供了坚实支撑。

沈阳市通过"双核多点"的跨区域产业布局，推动机器人技术与人工智能、大数据等前沿技术深度融合，赋能传统制造业升级。同时，沈阳市积极构建良好产业生态，建立创新型中小企业、"专精特新"中小企业、"小巨人"企业的梯度培育体系，推动中小企业快速成长。在沈阳自动化研究所、新松机器人自动化股份有限公司"双龙头"的带动下，沈阳市机器人及智能制造集群集聚了662家规上工业企业，拥有国内最全的机器人及智能制造产品线。2023年，该集群实现产值1 306亿元，成为辽宁省制造业高质量发展的新引擎。

未来，沈阳市将继续发挥机器人产业集群的引领作用，不断深化技术创新与产业协同，推动辽宁省制造业向更高水平发展，进一步培育和巩固辽宁现代化产业体系的竞争新优势，助力辽宁省在全国乃至全球先进制造业领域占据更重要的地位。

资料来源：本课题组根据公开资料整理。

二是打造以数据要素为支撑的数字产业化新高地。作为数字经济的核心要素，数据要素不仅是推动数字经济高质量发展的关键驱动力，而且是新时代科技创新和产业升级的关键环节[1]。在全球数字化转型的背景下，辽宁应

---

① 刘涛雄，张亚迪，戎珂，等. 数据要素成为中国经济增长新动能的机制探析［J］. 经济研究，2024，59（10）：19-36.

前瞻性布局数据产业，打造以数据要素为支撑的数字产业化新高地。从供给侧来看，辽宁应立足本地资源禀赋和产业结构特点，系统提升公共数据和工业数据的供给效能。一方面，要加快提高省内各级政府部门和公共机构的数据开放能力，构建全省统一、高效的公共数据供给体系。鼓励各地立足自身产业特色，加快开放共享符合地方特色的公共数据，推进特色公共数据体系建设。沈阳、大连等制造业重点地区，应加快推进装备制造、智能制造、产业链协同、产品质量监测等领域的公共数据开放，系统构建制造业数据资源池；盘锦、铁岭等农业主产区，要加快完善农业气象、土壤墒情、作物长势、病虫害监测、农机作业等农业生产数据的开放共享，建立精准化、智能化的农业数据体系；大连、丹东、营口等沿海港口城市，应优先开放港口吞吐量、航运调度、货物流通、口岸贸易等关键数据；朝阳、阜新等生态资源富集地区，要加快开放森林覆盖、空气质量、水资源利用、土地生态修复等环境数据。在此基础上，依托沈阳、大连等数字化基础较为领先的城市，打造全省公共数据开放标杆。通过构建政府引导、企业参与、市场化运作的公共数据开放运营体系，探索形成可复制可推广的公共数据市场化运营模式，为辽宁数据要素市场建设提供示范作用。同时，建立完善的数据开放质量评估与激励机制。通过设置科学规范的评估指标体系，对各级政府部门和公共机构的数据开放质量进行定期评估，明确数据开放的覆盖范围、数据更新频率和使用效益。对在数据开放和应用方面表现突出的地区和单位，予以表彰奖励，并推广其先进经验。另一方面，要充分发挥辽宁在装备制造业和能源工业的传统优势，加快推进工业互联网和物联网基础设施建设，构建契合辽宁产业特色的工业数据采集体系，为工业数据要素市场化奠定坚实基础。具体来说，辽宁可在沈阳、鞍山、本溪、营口等地率先建立国家级工业互联网标识解析体系，推动重点行业企业加速部署工业传感器、智能网关、边缘计算设备等数据采集设备，构建贯通生产设备、能源管理、智能仓储等关键环节的实时数据采集和远程监控体系。在装备制造、石化冶金、新能源、轨道交通、精细化工、船舶制造、航空航天等优势产业中，分类推进工业数据的精准采集、动态监测和智能分析，构建覆盖全流程、全链条的数据资源体系，实现工业数据的高效汇聚与智能应用。同时，加快"5G+工业互联网"深度融合，推动工业现场5G专网建设，推动建设"云—边—端"协同架构，提升工业数据采集的精度、覆盖面和传输效率，为数据资源的市场化流通提供坚实支撑。

三是加快推进以产业数字化为导向的产业转型升级。当前，全球科技迅猛发展，产业数字化转型能够为产业主体实现资源高效配置、生产力提升和产业结构优化提供关键支撑作用[①]。辽宁现代化产业体系建设应充分借鉴美国、法国等国家搭建公共技术服务平台来推动制造业数字化转型的成功经验，加快建设区域级、行业级数字化转型服务平台，构建开放、高效、协同的数字化生态体系，深入实施"上云用数赋智"行动计划，全面优化生产、分配、流通和消费的全产业链条。农业数字化方面，通过构建覆盖种植、养殖、加工、流通全环节的数字化管理体系，推动物联网、大数据、人工智能等技术在农业领域的深入应用。在生产环节，大力推广智能农机和自动化灌溉设备，提升农业生产机械化和自动化水平。在沈阳、铁岭、阜新等粮食主产区，大力推广无人机喷洒技术，通过精准施肥、精准用药、精准灌溉，为粮食稳产高产提供坚实的科技支撑。同时，大力发展卫星遥感技术，构建农作物生长状况、病虫害分布、土壤湿度等农业生产要素的动态监测体系，为农业生产的科学管理提供基础数据。在销售环节，构建现代化的农产品营销体系。在沈阳、铁岭、朝阳等粮食区，依托电商平台和数字化营销渠道，打通从田间到餐桌的直接销售渠道，降低中间环节成本，提高农民收益。同时，完善智能化流通网络，在沈阳、大连等物流枢纽城市，依托其发达的交通网络和数字基础设施，建设智慧冷链物流枢纽，提升旅顺大樱桃、盘锦河

---

① 周密，郭佳宏，王威华. 新质生产力导向下数字产业赋能现代化产业体系研究——基于补点、建链、固网三位一体的视角[J]. 管理世界，2024，40（7）：1-26.

蟹、腾鳌温泉草莓等易腐农产品的运输效率和品质保障。在大连、营口、锦州、葫芦岛等沿海城市，健全海产品质量追溯体系，完善冷链物流网络，利用物联网、区块链等技术，实现从生产到消费全流程的质量监控和可追溯管理，确保农产品质量安全，增强市场对辽宁农产品的信任感。制造业数字化方面，围绕智能制造、工业互联网、数据要素赋能等核心环节，坚持"龙头企业引领、产业协同发展、数字技术赋能、融合创新驱动"的原则，推动制造业迈向高端化、智能化、绿色化，构建契合辽宁特色的制造业数字化发展体系。一方面，聚焦重点行业实施数字化改造，提升制造业智能化水平。依托沈阳、鞍山、本溪等传统工业基地，推动钢铁、石化、汽车制造、高端装备等行业的数字化、智能化、绿色化转型。沈阳要抓好国家制造业新型技术改造试点城市建设的机遇，加快推进智能制造示范工厂建设，加速数字孪生、"5G+工业互联网"等新技术在生产流程中的应用，提升生产效率和管理精细化水平。鞍山、本溪要围绕钢铁冶金行业数字化转型，推动生产流程智能化改造，推广智能高炉、智慧料场等技术，实现节能降耗和效率提升。另一方面，强化工业互联网平台支撑，推动产业链上下游数据互联互通。加快建设行业级、区域级工业互联网平台，推动原材料供应、产品加工制造、关键设备配套等环节的数据互联互通与共享应用，打造信息互通、协同生产的现代化产业链。沈阳作为国家先进制造业基地和装备制造城市，应依托坚实产业基础，打造高端装备制造与智能制造工业互联网平台，推进航空航天、智能装备、轨道交通、机器人等领域的数字化协同。盘锦作为全国重要的石化产业基地，应推动石化工业互联网应用，加快建设智慧化工园区和能源工业互联网平台，强化化工生产全流程的数字化监测和远程管控。服务业数字化方面，充分发挥数字技术的驱动引领作用，加快传统服务业与数字经济深度融合，培育壮大新兴数字服务业态，构建符合区域发展特点的现代服务体系。聚焦重点行业，加快金融、商贸、物流、文旅、医疗、教育等领域的数字化改造，推动线上线下深度融合，优化资源配置，提高供需精准匹配能力。例如，沈阳发挥工业基础雄厚、创新资源集聚的优势，加快工业互联网服务体系建设，推动智能制造企业向"制造+服务"模式转型，拓展远程运维、个性化定制、共享制造等新兴服务业态；大连依托自由贸易试验区和港口经济优势，打造智慧航运、数字贸易、跨境电商平台，深化港航物流与数字金融融合发展，提升港口经济竞争力。

第5章
辽宁现代化产业体系建设的实施路径

　　现代化产业体系是现代化国家的物质技术基础。加快建设现代化产业体系，统筹发展传统产业转型升级和战略性新兴产业培育壮大是必经之路。辽宁作为科教大省、制造业大省，拥有独特的自然、经济、社会、文化资源，需要通过推进中国式现代化辽宁实践才能转化为实际效能。因此，辽宁现代化产业体系建设要聚焦国家所需、辽宁所能，坚决扛起维护国家"五大安全"政治责任；要牢牢扭住自主创新这个"牛鼻子"，以科技创新引领新质生产力发展；要坚持把发展经济的着力点放在实体经济上，推动产业协同发展、科学优化产业分工；要坚持高水平对外开放，以服务内外循环为现代化产业体系注入发展新动能；要以高端要素培育推进产业基础建设，筑牢现代化产业体系的发展根基。

5.1 以维护国家"五大安全"为战略使命，提升现代化产业体系的完整性、先进性和安全性

辽宁现代化产业体系建设应以维护国家"五大安全"为战略使命，全面提升现代化产业体系的完整性、先进性和安全性，为把辽宁打造成为"国家重大战略支撑地"奠定坚实基础。

一是以维护国家国防安全为导向，加强军工产业建设。作为我国重要的工业基地，辽宁在军工领域成就斐然，撑起了我国国防工业的坚实脊梁。因此，辽宁应在充分发挥军工产业优势的基础上，加强军工产业关键技术和核心零部件的自主可控能力，并以此构建起完整的军工产业链，强化国家安全战略支撑。第一，持续推动军工产业关键领域的科技创新，提升军工产业的先进性和安全性。以沈飞、黎明、大连船舶重工、渤海造船厂等龙头企业为牵引，推动航空发动机、舰船动力系统、雷达电子、精确制导等关键核心技术攻关，打破"卡脖子"技术瓶颈，提升核心装备制造的自主可控能力，减少对外部技术的依赖。同时，加大科技创新投入，深化"军工企业+高校+科研院所"协同创新机制，强化基础研究与应用研究的有效衔接，推动军工产业关键核心技术研发向高端化、智能化、模块化方向发展。第二，强化军工装备产业链供应链建设，提升军工产业完整性。加快构建涵盖研发设计、原材料供应、关键零部件制造、整机装备生产及后期测试维护的完整产业链。围绕军工产业的核心领域，依托沈飞、大连船舶重工等链主企业，建立上下游紧密协作的产业配套体系，推动核心零部件、精密制造、先进材料等关键环节在本地布局，提高军工产业的自主可控能力和国产化水平。同时，建立健全军工产业链应急保障机制，完善供应链动态监测与预警体系，增强产业链供应链的抗冲击能力，确保军工产业能有效应对复杂国际环境和突发

事件带来的挑战。第三，推动军民融合深度发展，促进国防科技成果转化。推动军工技术向民用领域延伸，加快实现高端材料、先进装备制造、人工智能、航空航天等技术的双向转化，促进军民协同创新体系建设。同时，积极支持民营企业参与军工科技研发，推动"民参军"企业发展壮大，完善军民两用技术研发、应用、推广一体化发展机制，加快军工技术的市场化应用，形成军工与民用产业互促互融的良性循环。

二是以维护国家粮食安全为导向，夯实农业发展基础。辽宁作为国家重要的粮食主产区，承担着持续增强粮食等重要农产品供给保障能力的责任担当。因此，要充分发挥资源优势，推动农业全产业链升级，构建涵盖育种、种植、加工、储运、销售的现代农业体系，提升粮食生产的稳定性和自主可控能力。在生产环节，在铁岭、盘锦等重要的粮食产区，深入实施粮食单产提升工程，加快推广智能化育种、农业遥感监测、无人机植保、自动化灌溉等现代农业技术，加快先进适用农机装备应用，提升耕地精细化管理水平，提高粮食单产水平和土地利用效率。在加工环节，以延伸产业链、提升价值链、打造供应链为路径，合理布局一批现代农产品加工集聚区，推动稻米精深加工、高端食用油、功能性食品、绿色有机食品等高附加值产业快速发展，提高粮食品质和市场竞争力。例如，在中部平原地区建设优质稻米、蔬菜、蛋奶、精品农业基地为主的综合性农产品加工业集聚区；在辽东地区建设食用菌、山野菜、柞蚕、中药材等特色产品生产基地为主的特色绿色食品加工集聚区。在储运环节，加快建设现代化粮食储运体系，完善冷链物流和现代粮食仓储基础设施，推广智能化仓储管理、低温储粮、粮食物流信息化等技术，提高粮食流通效率，降低粮食储运损耗，确保粮食从田间到餐桌全过程的高效流通和质量可控，夯实国家粮食安全基础。

三是以维护国家生态安全为导向，构建低碳绿色产业链。辽宁作为我国重要的老工业基地，肩负着维护国家生态安全的重大责任。要立足生态资源禀赋，深入贯彻"生态优先、绿色低碳"发展方针，加快构建低碳绿色产业链，完善绿色低碳循环经济体系，实现生态保护与产业发展的协同推进。第一，加快构建涵盖生态监测、污染治理、绿色低碳技术研发等多个领域的生态修复和污染治理产业链，提升环境综合治理能力。在生态修复方面，依托辽河流域生态治理、湿地保护、矿山生态修复等重点工程，加快构建集生态监测、修复材料、工程施工、装备研发于一体的生态修复产业链。在污染治理方面，推动大气污染防治、水污染治理、固废及危废处理等环保产业链建设，支持环保装备制造、节能技术研发、环境检测等行业快速成长。同时，强化沈阳环保产业基地、丹东环保产业园区等建设，推动环保技术与装备的持续升级，构建贯通污染监测、污染防治与再生利用的环保产业链，提升污染防治工作的系统性。第二，完善绿色制造体系，推进高碳产业绿色化转型。作为我国重要的重工业基地，辽宁的钢铁、石化、建材等传统高碳行业占据较大比重。因此，必须加快构建绿色制造体系，推动产业向低碳化、高效化、智能化方向加速转型。在钢铁、石化、建材等重点行业，积极推广绿色生产技术。例如，在钢铁行业，加快推广氢冶金和电炉炼钢技术，减少生产环节碳排放；在石化行业，加快推广绿色催化技术和碳捕集、利用与封存技术，提高能源利用效率。第三，构建循环经济产业链，提升资源利用效率。加快建立覆盖资源回收和废旧物资再利用、再制造的循环经济产业链，为绿色低碳发展提供有力支撑。一方面，完善回收再利用体系，加快推进报废汽车、废旧家电、废钢铁、废塑料等大宗固废的高效回收与资源化利用，推动沈阳、大连、营口等地建设再生资源产业园区，提升回收体系的规模化与智能化水平，打造集智能分选、高效回收、绿色再制造于一体的循环经济体系。另一方面，推动产业副产物的循环利用，特别是在钢铁、化工、建材等行业，加快推广余热余压回收、工业固废综合利用等技术，促进产业间资源的高效循环，提高整体资源利用率，形成"资源高效利用—绿色制造—废弃物再生利用"的全产业链闭环体系。

四是以维护国家能源安全为导向，构建高效能源供给体系。辽宁作为我国重要的能源大省，肩负着维护国家能源安全的重大责任。要充分发挥能源资源种类齐全、资源禀赋优越、产业基础雄厚的优势，围绕提升能源自主可控能力、优化能源供需结构、加快新能源发展步伐，全面推进能源安全体系建设，构建安全、高效、绿色、低碳的现代能源体系。第一，加快形成煤、油、气、核、新能源和可再生能源多轮驱动的多元供应体系。一方面，积极建设新能源产业链。加快推进沿海及辽西北地区风电、光伏发电工程建设，依托大连、丹东、锦州、朝阳等地的风能资源优势，打造陆上风电与海上风电协同发展的新格局。同时，推进氢能示范项目落地，支持大连、盘锦等地加快建设绿氢、蓝氢综合利用示范区，构建"风光氢储"多能互补模式，提升新能源利用效率。另一方面，优化传统能源结构，依托大连、盘锦等石化产业基地，实施"减油增化"战略，推动石油深加工和化工原料精炼比例的提升，减少低端炼化产能，进一步提高产业附加值。第二，强化能源储备体系，增强能源供应链的安全性和稳定性。一方面，依托大连、锦州等能源枢纽城市，建设完备的煤炭储备中心、石油储备基地、液化天然气储存站等传统能源储备设施，提高能源供应稳定性。另一方面，加快推进新能源储能基础设施建设，扩大抽水蓄能、氢能储能、电化学储能等技术的应用规模，优化风电、光伏等新能源的储能布局，确保新能源的高效利用。第三，统筹推进能源产业科技创新，提高能源使用效率。加快突破关键核心技术，推动能源体系向智能化、低碳化方向转型。一方面，加大对氢能、储能、新型电池等前沿技术的攻关力度，支持沈阳、大连等地构建氢能制备、储运、终端应用产业链，推动氢燃料电池、固态电池、超导储能等高新技术的产业化应用。另一方面，大力发展智能电网和数字化能源管理系统，推进5G、物联网、人工智能等先进技术与能源行业的深度融合，提升能源系统的智能化水平，进而提升能源利用效率。

五是以维护国家产业安全为导向，提升产业链供应链韧性。辽宁作为我国重要的工业基地，在构建现代化产业体系过程中，必须牢牢把握产业安全的主动权，坚持"强基础、补短板、控风险、促协同"的方针，重点强化自主可控能力、优化产业链安全预警体系，提升产业链供应链韧性。一方面，强化产业链供应链关键环节的自主可控能力。立足沈阳、大连、本溪等工业基础较强的城市，围绕高端装备制造、新材料、智能制造等领域，加快攻克关键核心技术。在新能源汽车、智能网联、光伏储能、氢能技术等前沿领域，加快培育和引进一批具有核心技术优势的企业，提升本地化配套水平，推动产业链向价值链高端发展。另一方面，强化产业链供应链应急预警体系，提高抗风险能力。充分依托数字化技术，推动建设产业链供应链智能监测平台，利用大数据分析、人工智能建模等技术手段，实时监测重点行业供应链运行情况、核心零部件供应及原材料供需波动，增强对供应链风险的感知、预警和研判能力。同时，建立完善的产业链供应链应急响应机制，围绕核心原材料、关键零部件、物流运输、能源供应等关键环节，制定多套供应链中断应对预案，确保在突发情况下能够迅速调整供应链布局，保障关键产业的生产和运转。

近年来，辽宁在维护国家"五大安全"重点领域的产业建设中取得了一定成效，为省内其他地区的产业建设提供了有益借鉴（详见专栏5-1）。

专栏5-1 辽宁在维护国家"五大安全"产业建设中的实践与成效

近年来，辽宁深入贯彻落实党中央决策部署，充分发挥自身产业优势和区位优势，在国防科技工业创新、粮食生产全链条优化、生态环境综合治理、能源结构调整升级和产业链供应链自主可控能力建设方面取得一系列进展，为维护国家"五大安全"提供了有力支撑。

● 在国防安全方面，沈阳依托沈飞、黎明等龙头企业，持续推进航空装备的自主研发，建设了完善的航空装备研发和制造体系，成为我国航空装备制造的核心基地。大连依托大连船舶重工，构建起了完整的舰船设计、制造、测试维护产业链，推动舰艇制造技术不断提升，为我国海洋国防安全提供了强有力的支持。

● 在粮食安全方面，沈阳依托沈阳农业大学、辽宁省农科院等科研机构，持续推进优质品种选育和精准农业技术推广，加快农业生产向智能化、精细化方向转型，因地制宜发展农业新质生产力。辽滨经开区依托盘锦港"北粮南运"和进出口粮油转运的重要港口优势，重点引进油脂加工、终端食品、生物科技及粮食物流等产业方向项目，其粮食加工及物流产业园获评辽宁省特色产业园区。

● 在生态安全方面，本溪市一方面制定了钢铁工业"做精、做细、做大、做强，向精品化、绿色化、智能化转型"的发展战略，确立了工业绿色发展规划，引导企业创建绿色工厂，从源头上预防和控制环境污染；另一方面，依托得天独厚的林业资源优势大力发展生物医药产业，目前已经拥有160多家医药企业，建成国家战略性新兴生物医药产业集群。通过一系列举措，本溪实现了生态环境质量的极大改善，全年大气环境优良天数率95.6%，全省排名第2。

● 在能源安全方面，阜新市作为全国首批资源枯竭型城市，聚焦"双碳"目标，利用丰富的风光绿电发展绿氢产业，打造制氢、储运、加氢、氢燃料电池、装备制造等氢能源全产业链，做到风光氢蓄一体谋划、源网荷储一体推进。

● 在产业安全方面，沈阳依托沈阳鼓风机集团、沈阳机床、新松机器人等龙头企业，持续完善高端装备制造自主可控产业链，大力推进核心零部件和高端装备的国产化替代，重点攻克高端数控机床、精密传动系统、工业机器人核心部件等关键技术，逐步降低对外依赖。鞍山市作为重要的钢铁产业基地，围绕"钢铁+先进制造"的发展理念，深化产业链重塑，积极推进高端钢材研发，突破超高强度钢、航空航天用钢等"卡脖子"技术，提升在轨道交通、海洋工程、新能源汽车等高端制造领域的市场竞争力。

面向未来，辽宁要在充分巩固既有成果基础上，持续深化改革、强化创新驱动、优化产业布局、夯实发展基础，着力提升产业链供应链自主可控能力，打造更加安全、稳定、高效、绿色的现代化产业体系，在维护国家"五大安全"中展现更大担当，贡献更多辽宁经验。

资料来源：本课题组根据公开资料整理。

5.2 以推动科技持续创新为根本动力，推进现代化产业体系智能化、绿色化、融合化发展

在辽宁现代化产业体系建设过程中，应着重强调以推动科技创新为根本动力，着力完善核心攻关技术突破机制，推进现代化产业体系智能化、绿色化、融合化发展，将辽宁打造成为"重大技术创新策源地"。

一是以自主创新体系为支撑，突破关键技术瓶颈。当前，全球科技竞争日趋激烈，关键核心技术已成为国际产业竞争和国家经济安全的决定性因素。辽宁必须充分发挥制造业基础雄厚、科技创新资源丰富的优势，加快构建自主创新体系，突破"卡脖子"技术瓶颈，提升在全球产业链中的竞争力和自主性。一方面，强化技术攻关组织体系，形成"集中力量办大事"的科技创新格局。加快建立政府为主导、企业为主体、高校和科研院所为支撑的"揭榜挂帅"攻关机制，完善从基础研究、技术开发到产业化应用的全链条协同创新模式。依托辽宁材料实验室、辽河实验室、滨海实验室、黄海实验室等一批科技创新平台，聚焦先进装备制造、新材料、精细化工、集成电路、轨道交通、信息技术、环保设备、增材制造等重点领域，围绕国家重大科技专项开展攻关，推动关键技术自主化、产业化。另一方面，优化科研资源配置，提高技术攻关的针对性和实效性。围绕核心零部件、关键设备、工业软件、特种材料等"卡脖子"环节，建立关键核心技术攻关清单，实行分领域、分层次、分阶段的创新突破策略。支持骨干企业和科研机构联合攻

关，整合全省优势创新资源，推动科技成果转化为实际生产力，缩短研发周期，提升攻关效率。同时，完善科研资金支持机制，探索科技创新成果的市场化运作模式，健全技术转移转化体系，推动技术研发与产业应用深度融合，确保自主创新成果切实转化为辽宁制造业高质量发展的强大动能。

二是以数字经济为驱动力，加速产业数字化智能化转型。围绕"数字辽宁、智造强省"的建设目标，依托先进制造业基础，加快发展数字经济核心产业，推动辽宁制造业向智能化转型。一方面，加快发展数字经济核心产业，促进数字产业全链条发展。依托沈阳、大连、鞍山等先进制造业城市，充分发挥辽宁自贸试验区、国家新型工业化产业示范基地、产业创新示范园区等平台的支撑作用，加速布局数字经济核心产业。推动5G、人工智能、工业互联网、区块链、大数据等新一代信息技术的快速发展，并推动数字技术在传统产业中的应用升级。同时，推动工业互联网标识解析体系、企业级云计算中心、边缘计算节点及新型数据中心等基础设施建设，加快促进工业企业数字化转型升级。加速制造企业"上云、用数、赋智"的步伐，构建覆盖生产管理、供应链协同、智能生产的全链条数字化产业体系。另一方面，深化数字技术赋能，加快传统产业智能化改造。针对辽宁传统制造业数字化基础相对薄弱的现状，聚焦高端装备制造、石化化工、轨道交通、船舶制造、冶金新材料等重点行业，推动企业数字化改造和智能化升级。大力推广"5G+工业互联网"应用，鼓励龙头企业建设智能工厂和智能车间，推动生产制造流程向自动化、柔性化、智能化方向发展。

三是以低碳技术为引领，带动产业绿色化发展。依托低碳技术，加强绿色科技创新，推动传统产业绿色化改造，构建低碳、高效、可持续的现代化产业体系。一方面，强化绿色技术创新，提升绿色低碳科技支撑能力。充分发挥东北大学、大连理工大学、辽宁大学等高校以及省内科研院所的创新优势，联合省内重点企业，积极攻克节能环保、新能源、新材料、碳捕集与封存等重点领域的关键技术。特别是在风能、氢能、生物质能等新能源领域，加快布局风电装备制造、氢能制备与储运、生物质能利用等重点方向，推动核心技术突破。同时，加快绿色工艺研发，奋力突破智能节能装备、超低能耗建筑材料、高效储能设备等关键技术，在绿色能源和绿色材料的生产、存储、应用等环节形成完整的技术链条。另一方面，加快推动传统产业绿色化改造，促进高耗能行业的低碳转型。围绕"降碳、减污、扩绿、增长"目标，加快节能降碳改造，全面提升工业企业绿色制造水平。推动超低排放改造、能效提升、余热余能回收等绿色技术的推广应用，推动鞍山、本溪等地的钢铁企业开展氢冶金、电炉炼钢等低碳冶炼技术，提高能源利用效率，减少碳排放。在石化行业，要推广绿色催化、碳捕集与封存、碳资源循环利用等技术，提升石化产品的绿色化、低碳化水平。推动工业园区全面实施清洁生产、绿色生产工艺优化、资源循环利用等措施，鼓励企业引入数字化管理和智能制造技术，提高生产全过程的资源利用效率，降低污染物排放，促进传统产业向绿色化方向转型升级，打造全国绿色制造和低碳产业转型的示范区。

四是以功能融合拓展为抓手，促进产业融合化发展。产业融合化本质上要求通过优化生产流程、整合资源等方式推动产业内部的融合，实现产业边界的模糊化和产业协同发展。在这一过程中，不同产业的核心功能不仅在原有领域内得到发挥，还通过技术、产品、服务等层面的跨界融合，拓展其应用领域和创新空间。例如，在传统产业与新兴产业融合方面，要充分发挥辽宁在石化、冶金、装备制造等传统支柱产业中形成的规模优势，推动其与新能源、新材料、节能环保等战略性新兴产业的深度融合，实现产业升级与价值链延伸。举例来说，在大连长兴岛、盘锦等石化产业基地，通过功能融合拓展，依托炼化一体化与精细化工产业链，推动石化产业与高端新材料、绿色化工等相关产业的融合，形成完整的产业生态圈。在加快发展生产性服务业方面，充分发挥先进制造业和现代服务业的优势互补功能，鼓励制造企业向智能制造、服务型制造、个性化定制转型，发展工业设计、供应链管理、智能运维等高端生产性服务业，提升制造业全产业链的附加值。例如，在沈阳、大连培育高端装备制造服务、数字化工业设计、智能运维解决方案等一批新兴业态，促进制造企业由单一产品制造向"产品+服务"转型升级。在农村一二三产业融合方面，应发挥农业资源优势，一方面积极促进农业与先进制造业深度融合，推动农产品加工产业向高附加值和深加工产品转型，提高农业产业的生产效率和综合效益。另一方面，积极促进农业与现代服务业深度融合，积极发展乡村旅游、乡村康养等新业态。例如，依托鞍山等地的畜牧业资源，积极发展农家乐、认养农业、农家小吃、特色民宿、传统手工制作、家庭作坊等新业态，最终建立起集特色农产品种植、农产品精深加工、美食体验、农业观光、生态休闲等元素于一体的农村产业链，为地方农业特色化发展提供更大空间。

当前，苏州高新区锚定高科技、高效能、高质量，坚持创新引领，加快转型突破，成为国内科技创新和产业创新深度融合的标杆示范，为辽宁提供了有益启示（详见专栏5-2）。

专栏5-2　　　　**苏州高新区向联合创新要新质生产力**

苏州高新区紧紧围绕科技创新与产业创新深度融合的发展方向，以联合创新为突破口，强化科创资源的统筹与布局，构建高效协同的创新生态，助力新质生产力的培育，推动区域经济的高质量发展。

● 依托区域科创优势，致力于打通科技成果转化的"最后一公里"。苏州光电技术研究院作为电子科技大学的产学研合作平台，聚焦高端光学镀膜等关键领域，打造"创新孵化基地""中试服务基地""产业制造基地"三大功能平台，促进基础研究与产业需求的精准对接，形成紧密嵌套的光子产业生态，推动"卡脖子"技术成果的落地转化。清华大学苏州环境创新研究院则充分发挥创新资源整合与协同创新的优势，围绕污染溯源等核心技术，从项目孵化、技术攻关到产业化落地全链条发力，推动科技成果向现实生产力的加速转化。

● 依托科技创新平台集聚优势，加快构建多主体协同、全链条贯通的创新体系。苏州高新区依托中国移动云能力中心等重点创新平台，联合南京大学、华东师范大学等高校和科研院所，聚焦算力网络、量子计算、信创产业等前沿领域，组建云数智产业生态创新联合体，推进关键技术联合攻关，为数字经济发展夯实技术支撑。目前，全区院所平台已牵头建成3个国家级重点实验室，孵化630余家企业，形成一批具有自主创新能力的科技领军企业，为新质生产力发展提供了有力支撑。

资料来源：本课题组根据公开资料整理。

5.3 以推动产业协同发展为主要抓手，优化现代化产业体系战略布局

辽宁现代化产业体系建设应以促进产业协同为主要抓手，通过优化产业布局、提升产业链联动效应，奋力将辽宁打造成为"具有国际竞争力的先进制造业新高地"。

一是提升产业链供应链利用效能，推动区域产业差异化发展。辽宁作为我国重要的工业大省，工业基础雄厚、产业门类齐全，同时省内不同地区的资源禀赋、产业结构、市场需求、发展基础等各具特色。因此，辽宁现代化产业体系要坚持统筹全省产业布局，依托产业链供应链协同发展，推动区域间错位布局、优势互补，形成"双核引领、多点支撑、区域协同"的产业发展格局。例如，充分发挥沈阳、大连"双核"作用，沈阳要聚焦高端装备制造、智能制造、航空航天、新材料等先进制造业，进一步巩固全国先进制造业基地的功能定位；大连要依托港口优势，在进一步巩固高端装备制造、新一代信息技术、绿色石化等产业基础上，推动深海科技、现代金融、现代物

流、中高端消费品工业等产业深度发展，增强产业外向型发展能力，进一步打造开放合作新前沿。鞍山、本溪、盘锦等重点工业城市要立足资源禀赋，坚持壮大工业经济不动摇，加快打造先进高端能源装备制造、特色化工新材料、重大环保技术装备、高端智能农机装备等特色产业集群，同时加快发展新一代信息技术、工业文旅、生物医药、医疗器械等产业，实现传统产业和新兴产业协同发展。

二是优化重点产业集群战略布局，打造产业发展新高地。石化产业方面，依托大连长兴岛、盘锦辽滨沿海经济技术开发区等地的石化和精细化工产业基地，进一步围绕石化及精细化工全产业链整体发展和头部企业的上下游、前后端，快速实现延链补链强链，推进"原油炼化—精细化工—新材料"的产业链协同布局。一方面，要围绕炼油、烯烃、芳烃及下游衍生物等关键环节，推动炼化一体化升级，提高资源利用率和产品附加值，构建高端化、绿色化、智能化的现代石化产业体系。另一方面，加快高端新材料、特种化学品、环保催化剂等精细化工领域的发展，推动辽宁石化产业向高端精细化、绿色低碳化转型，提升全球竞争力。装备制造产业方面，在沈阳，依托其雄厚的工业基础，推动机器人、智能制造、数控机床、精密仪器等产业快速发展，加快打造先进制造业集群。在大连，以船舶制造、汽车制造、机床制造、轨道交通装备制造、轴承制造为重点，完善产业链配套能力，推动装备制造产业集群向高端化、智能化发展。在鞍山、本溪等地，支持本地专用汽车及零部件、电力装备、冶金矿山及节能环保装备等产业链重点企业做大做强。电子信息产业方面，依托沈阳光电信息产业园、大连软件园等信息产业基地，重点发展工业软件、人工智能、大数据等核心技术，加快补齐高端芯片设计、先进封装测试等短板，推动辽宁在数字经济时代抢占产业发展制高点。同时，强化与京津冀、长三角、粤港澳大湾区等重点区域的产业协同，加快引进龙头企业和关键技术，加快推进电子信息产业链完善和配套体系建设。

　　三是增强产业链上下游联动效应，提升产业链供应链稳定性。通过强化龙头企业带动、优化本土配套能力、构建数字化供应链监测体系，全面提升产业链供应链韧性，确保在全球供应链波动和外部冲击下保持稳定可控。一方面，强化龙头企业引领，带动上下游协同发展。要充分发挥沈飞、黎明、沈鼓集团、大连船舶重工、华晨汽车等龙头企业的带动作用，实施"链主企业+配套企业"模式，支持骨干企业整合上下游资源，构建紧密协作的产业生态。推动航空航天、精密制造、高端装备等重点领域的上下游企业深度融合，加快核心零部件、智能控制系统、特种新材料等领域的本土化配套，提升供应链自主可控能力。鼓励中小企业加入龙头企业产业链，增强产业链本地化配套水平，提高整体协同效率，构建更加稳固的制造业供应链体系。另一方面，优化本土配套能力，提升产业链自主可控水平。针对高端制造、电子信息、新材料等战略性产业，加快培育一批专精特新"小巨人"企业和制造业单项冠军，推动本土配套企业向产业链关键环节延伸。围绕沈阳、大连、鞍山等产业核心区，加快发展高端材料、智能装备、半导体芯片、工业软件等关键产业链环节，减少核心零部件、基础材料等领域的对外依赖，补齐制造业短板，夯实产业链供应链自主可控基础。

　　近年来，深圳坚持以制造业为立市之本，巩固延伸优势产业、改造提升传统产业、培育壮大新兴产业、前瞻布局未来产业，使得"深圳制造"全球竞争力不断增强，为辽宁现代化产业体系建设提供了有益启示（详见专栏5-3）。

专栏5-3　深圳以产业空间布局规划支撑现代化产业体系建设

　　深圳作为我国改革开放的先行示范区，始终坚持以科技创新引领产业创新，通过科学合理的产业空间布局，推动制造业高端化、智能化、绿色化发展，加快构建现代化产业体系。面对产业发展空间日趋紧张、产业升级需求加速释放的新形势，深圳以提升产业空间承载能力为核心，系统推进产业集群化、空间集约化、功能协同化，构建全球竞争力强、布局科学合理的现代产业体系。

● 统筹产业空间资源，提升先进制造业集聚效应。深圳大力实施产业空间保障工程，推进20个集中连片先进制造业园区土地整备，实施100个以上老旧工业园区更新改造，全面提升产业用地利用效率。同时，依托"工业上楼"模式，高标准推进1000万平方米新型产业用房建设，实现先进制造业与城市有机融合，破解产业发展空间瓶颈，确保高端制造业的稳步增长。

● 优化全球产业布局，提升产业链供应链韧性。深圳积极推动产业链供应链全球布局，打造工业出海一站式服务平台，支持企业在海外设立创新中心、生产基地、仓储基地、营销网络，提升产业链全球配置能力，增强产业链韧性。围绕重点产业集群，加快推动战略性新兴产业链延展，强化跨境产业链合作，确保核心技术、关键零部件、重要原材料等供应安全。

● 提升产业空间功能配套，推动生产生活生态协调发展。深圳加快构建产城融合新格局，优化智慧园区、科技新城、产业社区的配套体系，推动交通、物流、住房、商业服务等要素资源一体化配置，增强产业空间的宜居宜业属性。大力推动数字基础设施建设，强化5G、人工智能、工业互联网等技术应用，为新型产业空间赋能，促进产业与城市深度融合发展。

资料来源：本课题组根据公开资料整理。

5.4 以推动产业科学分工为竞争内核，促进国企民企外企竞相发展

辽宁认真学习贯彻习近平总书记2025年2月在民营企业座谈会上重要讲话精神，在现代化产业体系建设中，应充分发挥国有企业引领作用、激发民营经济活力，努力构建各类市场主体竞相发展的新格局。

一是深化国有企业改革,增强公有制经济市场主体的引领作用。国有企业是国民经济的"顶梁柱",在维护国家安全、推动科技创新、促进产业升级、保障民生福祉等方面发挥着不可替代的作用。面对新一轮科技革命和产业变革加速演进、国际竞争日趋激烈的形势,必须深化国有企业改革,增强公有制经济的引领作用,充分发挥国有企业在关键核心技术攻关、国家重大基础设施建设、战略性新兴产业培育等领域的主导作用。第一,完善国资国企改革,推动国有企业向科技创新、战略性新兴产业等领域聚焦,提升核心竞争力。要优化国有资本配置,支持国有企业在新一代信息技术、高端装备制造、新材料、新能源等领域加快布局,通过设立创新基金、推动科研成果产业化等方式,引导国有企业向价值链高端攀升。第二,发挥国有企业在国家重大科技攻关、基础设施建设和产业链关键环节中的支撑作用,夯实产业体系安全。进一步强化国有企业在重点行业的带动作用,推动沈鼓集团、沈阳机床、大连重工等龙头企业围绕核心零部件、智能制造、高端装备等关键环节开展技术攻关,构建自主可控的核心技术体系。同时,辽宁要充分发挥国有企业在基础设施建设中的主力军作用,加快新型基础设施布局,推进5G网络、智能电网、工业互联网等重大项目落地,为产业升级提供坚实支撑。第三,推动国有资本布局优化,提高国企在维护国家"五大安全"关键领域的战略支撑能力。围绕维护国家"五大安全"关键领域,加大国有资本投入,增强国有企业在相关产业的主导作用。在国防安全领域,应依托沈飞、黎明、大连造船厂等重点龙头企业,增强自主研发和核心技术攻关能力,推动关键装备的自主可控,进一步提升辽宁在国家国防科技工业体系中的地位。在粮食安全领域,应加大对大型国有农业企业的支持,推动其在粮食种业创新、现代化仓储物流体系建设和深加工产业升级方面发挥龙头作用,带动整个粮食产业链的提质增效。在生态安全领域,应发挥国有企业在污染防治、生态修复和绿色制造等方面的示范带动作用,特别是在低碳产业、清洁能源产业等方面,通过发挥龙头企业在技术创新和产业引领中的核心作用，带动地方经济转型，推动全省生态安全和绿色可持续发展。在能源安全领域，重点支持国有能源企业加快新能源、新型储能和绿色低碳产业布局，推动产业链、供应链的升级与创新。通过发挥龙头企业的技术研发、项目布局和产业引导作用，构建更加安全、稳定和多元化的能源供应体系。在产业安全领域，围绕关键材料、战略性资源开发、核心技术等方面，提高国有企业覆盖率，确保产业链供应链关键环节自主可控。

二是激发民营企业内生动力，提升中小企业创新能力。民营企业是推动经济增长、技术创新和就业创造的重要力量，在现代化产业体系建设中发挥着不可替代的作用。面对全球产业竞争加剧和科技革命加速演进的形势，必须充分激发民营经济活力，营造公平竞争的市场环境，增强中小企业的创新能力。第一，加强产业政策扶持，优化营商环境，降低民营企业准入门槛，促进公平竞争。深化"放管服"改革，减少审批环节，优化政务服务体系，确保各类市场主体平等进入重点产业领域。同时，要完善财税、金融、土地等政策支持体系，针对先进制造业、数字经济、绿色产业等重点领域，出台精准扶持措施，降低企业融资成本，提升企业创新能力。辽宁还应加快推进"信用辽宁"建设，完善社会信用体系，减少民营企业在市场活动中的制度性交易成本，增强民营企业的发展信心。第二，鼓励"专精特新"企业发展，推动中小企业向高附加值产业链环节迈进，提升产业链韧性。构建分层次、分类别的中小企业扶持政策，推动"专精特新"企业向细分领域深耕，形成一批在关键环节具备技术优势的高成长性企业。要加大对"专精特新"企业的研发支持力度，设立专项资金鼓励企业突破"卡脖子"技术难题，推动关键零部件、核心材料、智能制造等领域的自主创新。同时，强化科技成果转化，支持企业与高校、科研院所建立产学研协同创新机制，加速前沿技术的产业化应用。在此基础上，推动地方政府、金融机构、行业协会等多方联动，为中小企业提供定制化的金融服务、市场拓展和数字化转型支持，助力其向高端制造、新能源、新材料等战略性新兴产业迈进，夯实现代化产业体系的根基。

三是优化外商发展环境，吸引优质外资。优质外资不仅能为辽宁引入先进的技术、管理经验，促进本地企业技术升级，还能加深辽宁与全球产业链、供应链的融合，推动产业链向高附加值、高技术含量的方向延伸，为辽宁现代化产业体系建设注入新的活力。第一，强化开放平台建设，提升外资吸引力。依托自由贸易实验区、综合保税区等开放平台，深化制度创新，改善外资企业的投资、生产和经营环境。通过进一步简化行政审批流程、优化市场准入条件，吸引更多外资企业在辽宁落地生根。在高端装备制造、新材料、智慧农业、新能源等重点领域，可进一步为外资提供针对性的政策支持，如税收优惠、研发资金补贴等，吸引外资加大在相关领域的布局。第二，加强国际产业合作，拓展外资招商渠道。加强与全球主要经济体的合作，尤其是在先进装备制造、新材料、现代服务业、数字与文化创意等领域，推动产业链供应链向高附加值和智能化方向发展。第三，推动市场准入制度改革，提升投资便利性。继续深化外资市场准入制度改革，特别是在服务业、金融、现代物流、数字经济等关键领域，适时放宽市场准入限制，简化外资企业的审批流程，降低外资准入门槛，为外资企业提供更加便利的投资环境。同时，进一步强化知识产权保护和法治保障，确保外资企业在辽宁的投资安全与合法权益，增强外资企业的投资信心。

四是支持龙头企业牵头打造产业创新生态圈，加快探索产业链协同发展模式①。在借鉴法国、英国等国家加快完善战略科技力量体系的基础上，围绕高端装备制造、绿色石化、新材料、现代信息技术等重点产业，支持沈阳、大连、鞍山、盘锦等地的龙头企业牵头组建产业创新联合体，并引导产业链上下游企业、高校和科研机构深度合作，搭建公共研发平台、试验测试

---

① 叶振宇，庄宗武. 产业链龙头企业与本地制造业企业成长：动力还是阻力 [J]. 中国工业经济，2022（7）：141-158.

基地和产业孵化中心，加快科技成果产业化。特别是在智能制造、航空航天、机器人、新材料等领域，推动沈阳自动化研究所、大连理工大学等高校和科研机构与龙头企业共建技术研发和中试验证平台，增强技术突破能力。与此同时，支持中小企业深度嵌入龙头企业主导的供应链体系，推动"专精特新"企业发展。引导中小企业依托龙头企业，在细分领域深耕核心技术，推动产业链向高端化、智能化、绿色化升级。例如，在精细化工、新能源汽车、轨道交通装备、高端文旅装备、文化创意等产业，鼓励中小企业聚焦零部件、关键原材料、配套设备、市场需求挖掘等关键环节进行必要布局，形成产业链高效协同的发展模式，提升整体竞争力。在此基础上，完善现代化产业服务体系，加快发展数字金融、现代物流、检验检测等产业，为制造业提供专业化的市场服务，进一步强化产业链韧性。要引导金融机构设立产业投资基金、供应链金融产品，通过提供必要的资金支持，帮助上下游中小企业加快与龙头企业进行对接，形成协同发展的产业态势。同时，加快建设产业链协同制造云平台、智能生产调度系统、供应链大数据平台，推动数据共享和生产协同，提升产业链整体智能化水平。鼓励辽宁港口集团、物流企业与制造业企业合作，构建智能物流体系，推动制造业与现代服务业深度融合。

当前，浙江省在激活民营企业创新活力方面进行了成功探索，为辽宁现代化产业体系构建提供了有益启示（详见专栏5-4）。

专栏5-4　　　　　浙江民营经济如何迈过"三关"？

浙江省作为我国民营经济最活跃的地区之一，一直在探索如何破解民营企业发展难题，为民营经济高质量发展注入新动能。在当前经济形势深刻变化的背景下，浙江省围绕破解民营企业"人才关、资金关、发展关"，持续优化政策供给，着力提升企业创新能力、融资能力和国际竞争力，推动民营经济迈向更高层次的发展。

● 破解"人才关"，夯实企业创新主体地位。浙江省高度重视人才在民营企业发展中的支撑作用，持续完善企业引才、育才、留才机制，鼓励企业聚焦新兴产业、重点领域引进高端人才，建立人才合作共享机制，畅通高校、科研院所与民营企业之间的人才流动渠道。同时，积极推动龙头企业牵头组建创新联合体，强化企业在科技创新中的主体地位，并出台专项激励政策，鼓励企业建立研发准备金制度，加大科技创新投入，以人才驱动产业转型升级。

● 破解"资金关"，推动政策红利转化为发展红利。面对新经济形态下民营企业的融资难题，浙江省大力推进"两重""两新"政策，深化市场化融资体系改革，促进政府引导资金与市场化资本的高效联动。浙江还积极完善跨部门并联审批机制，推行"互联网+"政策服务模式，实现全程网上办理，确保企业能够快速获得政策支持，让政策"找得到、办得快、兑得上"。同时，浙江鼓励发展天使投资、风险投资、私募股权投资等耐心资本，支持企业在新兴产业、未来产业等前沿领域实现技术突破和市场落地。

● 破解"发展关"，拓展全球市场竞争优势。作为外向型经济大省，浙江省致力于积极构建海外营销网络，完善全球经贸布局，推动企业抱团出海，提升国际竞争力。积极支持浙江制造业在海外布局生产基地、仓储基地、营销网络，深化跨境贸易、智能供应链、航运金融等领域的发展，确保浙江企业在全球经济格局中的竞争优势。

资料来源：本课题组根据公开资料整理。

5.5 以服务内外循环为发展动能，提升产业对内对外开放能级

辽宁现代化产业体系建设应以服务内外循环为发展动能，着力强化内部协同发展与创新对外开放模式，全面重塑现代化产业体系发展新格局，奋力将辽宁打造成为"东北亚开放合作枢纽地"。

一是深挖对内开放潜力，探索产业合作新模式。充分发挥辽宁作为"北接哈长城市群、南接京津冀城市群"的枢纽优势，以深化对口合作为突破口，加快构建区域联动、优势互补的产业发展体系，进一步提升辽宁在全国产业链供应链中的嵌入度。例如，在科技合作方面，深化沈阳、大连与京沪深等科技领先地区的对口合作，通过人才引进、技术转让、项目合作等方式，汇集国内先进省市的创新资源，加快辽宁在人工智能、大数据、工业互联网、智能装备制造等新兴产业领域的技术突破与产业升级。在产业合作方面，辽宁应一方面深化东北区域一体化发展，强化与哈长城市群在资源综合利用、现代农业、生态环保、新能源产业等领域的合作，形成产业链互补、科技创新共建、市场要素共享的新发展格局；另一方面通过加快探索共建产业创新示范区和高端制造业基地等方式，在充分考虑产业适配度的基础上，有序承接京津冀地区的高端制造、能源、材料以及相关配套产业转移，并推动辽宁与京津冀地区污染联防联治工作取得更大成效，逐步融入京津冀协同发展大格局。进一步地，辽宁还可以依托沿海港口优势，强化与长三角、珠三角地区的联动合作。通过打造一批高水平的对外开放平台，深化与长三角、珠三角地区在绿色农产品供应、航运物流、数字与文化创意、休闲康养、绿色能源、现代金融等领域的合作，为支持辽宁建设面向全国的优质农产品和绿色能源供应地、休闲旅游康养目的地、关键原材料支撑地提供重要保障。

二是创新对外开放模式，加快打造产业开放新前沿。在坚持"以高站位优化开放布局，以高标准打造开放环境，以高起点建设开放通道，以高水平提升开放平台能级，以高质量发展开放型经济"过程中，充分发挥沿海沿边的双重优势，加快构建联通国内国际双循环的新型开放体系[①]。一方面，用好用活"两种资源""两种市场"，依托大连东北亚国际航运中心、沈阳中欧

---

① 郑欣，徐政，丁守海. 高水平对外开放体制机制的核心要义、价值旨归与未来进路 [J].经济学家，2024（12）：45-54.

班列枢纽、营口和锦州港口开放通道等重点平台，推动对外贸易向更高端、更广范围拓展。要积极发挥辽宁自由贸易试验区的改革创新引领作用，优化国际贸易便利化措施，推动通关一体化改革，探索实施跨境数据流动便利政策，促进与日韩、东盟、俄罗斯等区域市场的经贸往来，深化区域供应链和价值链融合。另一方面，要全面提升外向型产业体系的竞争力，优化对外产业合作模式。加快推进跨境电商综合试验区建设，完善对跨境电商平台和企业的政策支持和奖补机制，促进传统外贸企业数字化转型，培育具有国际竞争力的跨境贸易新业态。支持企业建设公共海外仓，推动海外产业园、国际经贸合作区、境外经贸代表处等平台建设，为辽宁制造业产品、优质农产品、数字贸易企业走向全球市场提供全方位支撑。要进一步发挥营口综合保税区、中国（辽宁）自由贸易试验区大连片区等平台的关键作用，加快推动国际航运、现代物流、保税加工、金融服务等高端开放型产业集聚，打造外向型经济发展新高地。

当前，南宁市在高水平对外开放方面进行了成功探索，为辽宁现代化产业体系建设提供了有益启示（详见专栏5-5）。

专栏5-5　　　加快提升对内对外开放能级的"南宁样本"

南宁市作为中国-东盟开放合作的核心门户，正以更高水平的对外开放、更优质的营商环境、更完善的跨境产业体系，加快构建面向东盟、辐射全国的高能级开放体系。

● 深化制度创新，释放自贸平台改革红利。南宁市积极用好国家赋予的政策和平台优势，以南宁片区为核心，持续深化要素市场化改革，优化营商环境，推动制度型开放取得新突破。围绕货物贸易便利化、服务贸易自由化、跨境金融拓展、数据安全有序流动等关键领域，开展先行先试，推动对接国际高标准经贸规则。

● 畅通跨境通道，提升开放型经济竞争力。作为国家综合货运枢纽补链强链支持城市，南宁市着力推进公路、铁路、水路、航空等运输方式有机衔接，加强不同运输方式之间的连接，逐步完善转运设施，大力发展多式联运。重点依托南宁国际铁路港，培育集装箱海铁联运、公铁联运。完善航空物流港集疏运网络，发展公空联运。完善南宁港铁水、公水联运设施建设，提升货物中转服务能力。

● 优化产业布局，推动区域经济深度融合。围绕金融、数字经济、跨境电商、现代制造业等重点领域，推动产业集群发展，加快形成"产业+贸易+物流+科技"协同推进的现代产业体系。南宁市紧紧围绕国家赋予建设面向东盟开放合作的国际化大都市、建设中国-东盟跨境产业融合发展合作区新定位新使命，抢抓平陆运河建设、东部产业转移、深邕合作等重大机遇，强化产业园区规划建设和产业引导，积极开展产业链精准招商，推动资本招商、"基金+产业"招商等持续深化。

资料来源：本课题组根据公开资料整理。

5.6 以筑牢实体经济根基为重要支撑，提高现代化产业体系要素配置效率

辽宁现代化产业体系建设应以筑牢实体经济为重要支撑，完善要素配置机制，畅通要素流通渠道，推动要素协同创新，不断提升现代化产业体系要素配置效率，为建设新时代"六地"提供坚实的基础要素支撑。

一是深化要素市场化改革，提升制造业的资源配置效率。辽宁现代化产业体系建设应坚持系统性谋划，从战略层面科学研判本省产业发展趋势，精准识别发展瓶颈和要素短板，着力优化生产要素配置机制，推动资源高效集

聚与合理流动[①]。一方面,以提升产业配套能力为抓手,统筹推进交通、能源、信息、金融等基础设施一体化建设,打通区域间要素流动壁垒,促进产业链、供应链、创新链协同发展。加快推进沈阳、大连国际化要素流动枢纽建设,完善自由贸易试验区、综合保税区、国际陆港等开放平台建设,畅通国内国际双循环通道,为先进制造业、现代服务业等重点领域提供稳定可靠的要素保障。另一方面,精准破解"技术外溢、资本外流、人才流失"三大要素制约,提升发展韧性。面对技术要素"墙内开花墙外香"的问题,强化科技成果本地转化能力,推动产业化应用。依托辽宁材料实验室、辽河实验室、黄海实验室等重大科技平台,鼓励企业、高校、科研机构深度合作,健全科技成果转化市场化激励机制,构建"科技—产业—资本"联动体系,提高创新成果转化率。针对资本要素"持续输血又持续失血"的矛盾,充分借鉴美国、日本等国构建完善的金融扶持体系支持企业研发创新的成功经验,深化金融体制改革,充分发挥各类政府基金的杠杆撬动作用,畅通产业投融资渠道。鼓励省内银行、证券、保险等金融机构加大对本地先进制造业、数字经济、新兴产业的融资支持,推动产业资本与金融资本良性互动,形成"投资—创新—产业化—再投资"的循环机制。针对人口"孔雀东南飞"的挑战,充分发挥辽宁作为科教大省、工业强省的优势,以"引才、育才、留才"一体化机制打造人才集聚"强磁场"。实施更具吸引力的人才引进政策,健全高端人才配套服务体系,优化科研环境、创业环境、生活环境和人才发展环境。依托沈阳、大连等城市的产业优势,打造具有全国影响力的人才集聚高地,吸引更多青年人才、高层次科技创新人才汇聚,推动人才与产业双向赋能,为辽宁现代化产业体系建设提供可持续的人才支撑。

二是促进要素自主有序流动,降低制造业要素获取成本。通过精简流动环节、提升流动效率、减少外部成本,构建有利于区域高质量发展的要素流

---

① 肖兴志,徐信龙. 区域创新要素的配置和结构失衡:研究进展、分析框架与优化策略[J]. 科研管理,2019,40(10):1-13.

动体系。一方面，优化法治环境，降低要素流动市场成本。要素流动成本的下降与法治体系的健全性息息相关，因此，要加快推进与产业要素流动相关的法律法规建设，进一步规范要素市场运行，减少不必要的法律障碍和行政干预。通过健全产权保护、知识产权保护、合同执行等法律体系，提升要素流动的法治保障，减少企业在跨区域经营时所面临的法律不确定性和成本。另一方面，通过优化政务服务，降低要素流动的行政成本。高效的政务服务有助于直接降低要素流动的行政成本。因此，要深化"放管服"改革，加速数字政府建设，进一步简化行政审批流程，降低企业在要素获取过程中的制度性交易成本。通过完善"一网通办"平台和全流程审批制度，消除企业获取要素所需时间和精力的浪费。加快构建精准匹配的产业要素配置机制，提高政府政策供给的针对性和时效性。

三是强化要素协同创新，激活制造业发展新动能。充分发挥土地、劳动力、资本、技术、数据等关键生产要素的协同作用，突破要素流动壁垒，推动资源高效配置和深度融合，构建跨产业、跨区域、跨领域的协同发展格局。一方面，强化土地、资本、人才的联动供给，形成"以地聚产、以产促资、以资引才"的发展模式。辽宁要统筹全省土地资源配置，完善"工业用地+科技创新用地+生产性服务业用地"布局，优化土地供应结构，优先保障高端制造业、新兴产业和战略性产业发展需求。要深入实施"亩均效益"改革，建立土地资源节约集约利用机制，提高产业用地精准化供给水平，为先进制造业和战略性新兴产业提供强有力的空间保障。同时，强化金融资本与产业发展的联动，推动辽宁产业投资基金、科技成果转化基金、制造业高质量发展基金等重大基金落地实施，引导金融资本向装备制造、智能制造、新材料、生物医药等重点产业倾斜。加快构建"高校—科研院所—企业"人才协同培育机制，依托沈阳、大连等人才集聚高地，完善高端人才引进、培养、使用体系，吸引全国乃至全球的科技创新和产业领军人才，为辽宁产业高端化、智能化、绿色化发展提供坚实支撑。另一方面，推动土地、资本、人才的融合发展，构建"产业链—资金链—人才链"的一体化发展体系。围绕重点产业链部署创新链，推动资本、技术、人才等高端要素向高附加值产业集聚，促进生产要素高效协同。在土地要素方面，要围绕装备制造、集成电路、新能源、新材料、海洋经济等重点产业，建设高标准产业园区、科创基地和智能制造示范区，打造创新资源高度集聚的产业发展高地。在资本要素方面，要推动科技与金融深度融合，拓展直接融资渠道，优化金融服务体系，鼓励地方金融机构、风投基金、创投机构围绕产业链核心环节精准配置资金，支持企业加快技术攻关、设备升级和智能化改造。在人才要素方面，要以重点产业发展需求为牵引，完善人才培养、引进、激励机制，实施产业人才专项计划，依托沈阳、大连的科技创新优势，加快培育一批高水平科技人才、技能型人才和复合型管理人才，形成"科技创新—产业转化—人才支撑"的良性循环。

当前，广东省将制造业高质量发展摆在突出位置，制造业在全省经济发展大局中发挥了"压舱石"和"顶梁柱"作用，制造业占地区生产总值比重保持在1/3左右，高技术制造业占规上工业增加值比重超过30%，为辽宁现代化产业体系建设提供了有益启示（详见专栏5-6）。

专栏5-6　　广东采取制造业当家要素配置的新举措

近年来，面对全球科技革命和产业变革的深刻调整，广东省深入贯彻落实习近平总书记关于制造强国建设的重要论述以及视察广东重要讲话、重要指示精神，将制造业高质量发展摆在突出位置，加快构建全球领先的现代化产业体系。

● 强化创新引领，塑造制造业核心竞争力。广东省牢牢把握科技自立自强战略方向，以科技创新支撑制造业高质量发展，强化企业创新主体地位，推进创新链、产业链、资金链、人才链深度融合。围绕重点产业集群布局一批创新中心、技术中心，加快中试及应用验证平台建设，推动科研成果向产业化加速转化。

● 深化产业升级，打造高端制造新优势。广东省围绕传统产业、新兴产业和未来产业"三大梯队"精准布局，加快推动制造业转型升级。针对家具建材、智能家电、食品饮料、纺织服装等传统优势产业，实施提质升级专项行动，促进智能制造、绿色制造深度融合，推动行业向高端化、品牌化、智能化发展。在新兴产业领域，聚焦超高清视频显示、新能源、数字创意等重点方向，全力培育多个万亿级产业集群，并在集成电路、低空经济、高端装备等领域推动产业集群化发展。面向未来，广东省正加快实施五大未来产业集群行动计划，在6G、量子科技、生命科学、人工智能等前沿领域占领先机，力争形成一批"弯道超车"的产业突破点，抢占全球产业竞争制高点。

● 推进绿色低碳发展，构建可持续制造体系。广东省坚持生态优先、绿色发展，加快推进制造业节能降碳转型，稳步实施工业领域碳达峰行动。围绕电力、钢铁、有色、建材、石化、化工、纺织印染、造纸等高耗能行业，积极推动节能降碳技术研发与推广应用，加快实施低碳、零碳、负碳等前沿技术改造，推进重点行业绿色化改造升级。大力发展绿色制造体系，梯度培育创建国家级、省级、市级绿色工厂、绿色工业园区和绿色供应链管理企业，推动制造业向节能环保、高效低碳方向转型。

● 拓展制造业空间布局，优化产业发展格局。广东省立足制造业高质量发展需求，持续优化产业空间布局，加快推进承接产业有序转移主平台、大型产业集聚区、省级产业园建设，科学实施"一县一园"政策，完善资源要素稳定投入机制，提升园区承载能力。创新构建"组团式转移、集群化转型"产业协作新机制，推动产业转出地与承接地在税收、用地、能耗、统计等方面建立利益共享机制，促进区域协调发展。

资料来源：本课题组根据公开资料整理。

第6章
辽宁现代化产业体系建设的政策建议

2025年辽宁省政府工作报告指出，持之以恒做好产业结构调整"三篇大文章"，加快建设4个万亿级产业基地、22个重点产业集群，全力构建具有辽宁特色优势的现代化产业体系。与其他省份制定产业扶持政策的出发点不同，维护国家"五大安全"是全力构建具有辽宁特色优势现代化产业体系的重要约束条件，在兼顾政策保障体系功能性、引导性、激励性的基础上，应进一步有效发挥辽宁在高水平制度创新方面的比较优势，打通、弥补不同政策体系之间的"堵点""断点"，不断增强维护国家"五大安全"相关产业扶持政策与区域发展、招商引资、技术创新、税收奖补、要素支持、市场主体培育等政策取向一致性，为加快推进辽宁现代化产业体系建设提供根本性的制度保障。

6.1 进一步优化现代化产业体系建设制度新安排

辽宁应聚焦维护国家"五大安全"的战略使命，全面厘清现代化产业体系建设制度安排的发展方向，建立健全集功能性、引导性、激励性于一体的政策保障体系。

6.1.1 明确锚定产业结构调整战略新方向

一方面，基于对重点产业领域和发展方向的科学界定，引导资金、技术、人才等要素向高附加值、高技术含量的产业集中，能够优化资源配置，提升全要素生产率[①]。另一方面，推动传统产业提质升级与新兴产业培育壮大并行发展，加快形成多点支撑、多元化发展的产业结构，有益于增强区域经济的抗风险能力和可持续发展能力。为此，应加快推进以下工作：

一是优先支持将发展新质生产力纳入辽宁现代化产业体系建设制度新安排。一方面，明确新质生产力支撑现代化产业体系建设的发展方向。辽宁肩负维护国家"五大安全"的责任担当，发展新质生产力应当以支撑维护国家"五大安全"为战略导向，加快推动现代化产业体系建设。政府相关部门应聚焦"4个万亿级产业基地"和"22个重点产业集群"，制定辽宁省发展新质生产力支撑现代化产业体系建设的任务清单，为下一步出台辽宁现代化产业体系建设的相关行动方案提供决策参考。

另一方面，积极争取国家级中试基地落户辽宁。国家级中试基地是新质生产力推动高水平产业创新发展的重要载体，也是辽宁应对其他省份产业竞

---

① 徐妍，毕梦潇，柴映. 数实融合提升关键核心技术领域企业创新效率的研究——基于中国A股上市公司的数据检验 [J/OL]. [2024-12-27]. https://link.cnki.net/urlid/11.1567.G3.2024 1226.1147.002

争压力的关键所在。政府相关部门应加快设立省级新质生产力工作专班，依托"央地合作"机制，向国家发展改革委争取在制造业中试基地布局方面加大对辽宁的支持。优先争取与国防安全相关的制造业中试基地落户辽宁，形成在国防安全领域的新质生产力先行优势。在此基础上，进一步争取与粮食安全、生态安全、能源安全、产业安全相关的制造业中试基地落户辽宁，最终构建以新质生产力为核心支撑、以维护国家"五大安全"为导向的现代化产业体系，为辽宁全面振兴提供强劲动力。

二是支持将数字产业集群建设纳入辽宁现代化产业体系建设制度新安排。当前，国内多个地区和省市正在加快探索数字产业集群建设，《新经济导刊》发布的《"十四五"时期中国发展数字经济的重点和策略》研究报告显示，粤港澳大湾区将打造以智能制造为核心的数字产业集群、长三角地区将打造以数字贸易为核心的数字产业集群、京津冀地区将打造以数字技术研发创新为核心的数字产业集群、成渝地区将打造以智慧农业为核心的数字产业集群[1]。为此，政府相关部门应结合中央对辽宁维护国家"五大安全"的战略定位，以及"因地制宜盘活优质存量资源、循序渐进发展增量资源"的总体思路，将数字产业集群建设纳入辽宁现代化产业体系建设的制度安排，明确数字产业集群的战略定位。要以数字产业集群建设为重要抓手，推动数字经济与实体经济深度融合[2]，形成具有辽宁特色优势的数字产业发展模式，为构建现代化产业体系提供坚实支撑。

三是支持将提升战略性新兴产业发展能级、撬动未来产业发展纳入辽宁现代化产业体系建设制度新安排。战略性新兴产业和未来产业既是现代化产业体系建设的核心领域，又是发展新质生产力的主阵地和重要支撑。当前，国内多个省市已陆续出台与新质生产力和未来产业发展有关的专项

---

① 欧阳日辉. "十四五"时期中国发展数字经济的重点和策略 [J]. 新经济导刊，2021（1）：10-14.

② 周密，郭佳宏，王威华. 新质生产力导向下数字产业赋能现代化产业体系研究——基于补点、建链、固网三位一体的视角 [J]. 管理世界，2024，40（7）：1-26.

规划（详见表6-1），围绕前沿技术、示范企业、科创园区、应用场景等展开部署，将量子技术、合成生物、人工智能、新材料、深海空天开发、类脑智能等产业定为重点方向，并通过多项举措提升战略性新兴产业发展能级（详见专栏6-1），这为辽宁将提升战略性新兴产业发展能级、撬动未来产业发展纳入现代化产业体系建设制度新安排提供了有益借鉴。政府相关部门可借鉴山西省发布的《战略性新兴产业支持目录（试行）》，锚定现代化产业体系建设发展方向，立足辽宁现有产业基础、资源禀赋与未来产业发展趋势，进一步完善辽宁省战略性新兴产业重点发展领域目录，并将其细化为鼓励、限制、淘汰三类目录，另行设置允许类条目，涵盖符合国家有关法律法规和政策规定的技术产品[①]。其中，鼓励类目录应聚焦对经济社会发展具有重要促进作用的技术装备和产品；限制类目录应聚焦工艺技术落后、不符合行业准入条件、不利于实现碳达峰碳中和目标的生产能力和技术；淘汰类目录应聚焦不符合法律法规规定、资源浪费严重、环境污染严重、安全隐患突出的落后工艺与装备[②]。同时，要进一步明确低空经济、冰雪经济、军民融合、激光与增材制造、服务型制造、现代物流、现代金融、数字与文化创意、深海科技等重点领域的细分方向，推动战略性新兴产业精准发展，进而提高战略性新兴产业占全省生产总值比重、高技术制造业占规模以上工业增加值比重。其中，随着我国低空经济规模不断扩大，辽宁作为新中国航空工业的"摇篮"，应全力竞速低空经济新赛道，加快出台辽宁省低空经济发展相关行动计划，发挥在通用航空和无人机产业的优势，通过定向招引补链强链，不断提升低空经济产业集聚度和核心竞争力。

---

① 孔德晨. 产业结构调整步伐加快［N］. 人民日报（海外版），2024-01-02（3）.
② 产业结构调整指导目录（2024年本）［J］. 中华人民共和国国务院公报，2024（7）：7-77.

表6-1   全国31个省（自治区、直辖市）未来产业发展布局情况

省市	未来产业发展布局情况	相关政策
北京市	六大领域共20个产业：未来信息（通用人工智能、6G、元宇宙、量子信息、光电子），未来健康（基因技术、细胞治疗与再生医学、脑科学与脑机接口、合成生物），未来制造（类人机器人、智慧出行），未来能源（氢能、新型储能、碳捕集、封存与利用），未来材料（石墨烯材料、超导材料、超宽禁带半导体材料、新一代生物医用材料），未来空间（商业航天、卫星网络）	《北京市促进未来产业创新发展实施方案》（2023年9月）
	促进新能源、新材料、商业航天、低空经济等战略性新兴产业发展，开辟量子、生命科学、6G等未来产业新赛道	《北京市政府工作报告》（2024年1月）
天津市	谋划布局量子信息、未来网络、新一代通信、基因技术、类脑智能、无人驾驶、先进材料、深海深空等未来产业，加快前沿科技探索与应用，推动产业加速变革	《天津市工业布局规划（2022—2035年）》（2022年7月）
	积极布局人工智能与超算、生物制造、生命科学、脑机交互与人机共融、深海空天、通用机器人等未来产业新赛道	《天津市政府工作报告》（2024年1月）
河北省	发展空天信息产业、先进算力产业、鸿蒙欧拉产业生态、前沿新材料产业、基因与细胞产业、绿色氢能产业六大未来产业	《加快河北省战略性新兴产业融合集群发展行动方案（2023—2027年）》（2023年4月）
山西省	九大重点产业：人工智能产业、智能传感及物联网产业、数字孪生与虚拟现实产业、区块链产业、氢能产业、核能产业、量子产业、碳基芯片产业、高速飞车产业	《山西省未来产业培育工程行动方案》（2022年2月）
	积极发展低空经济，布局发展高速飞车、绿色氢能、量子信息、前沿材料等未来产业	《山西省政府工作报告》（2024年1月）

续表

省市	未来产业发展布局情况	相关政策
内蒙古自治区	未来产业要聚焦低碳能源、前沿材料、未来网络、空天、生命与健康等五大领域和新型储能、氢能、高性能复合材料、高效催化材料、第三代半导体、算力网络、卫星通信导航、生物育种等八大方向	《内蒙古自治区政府工作报告》（2024年1月）
	制订未来产业发展推进方案，围绕低碳能源等领域，聚焦新型储能、氢能、高性能复合材料等方向	《2024年内蒙古自治区国民经济和社会发展计划》（2024年2月）
辽宁省	前瞻性布局未来产业，在人工智能、元宇宙、深海深地开发、增材制造、柔性电子、氢能储能、细胞治疗、生物育种等方面，加快推动技术产品化、产品产业化	《辽宁省政府工作报告》（2024年1月）
吉林省	超前布局人工智能、人形机器人、生物制造、元宇宙、新型储能等未来产业	《吉林省政府工作报告》（2024年1月）
黑龙江省	加快发展数字经济，深化大数据、人工智能等研发应用，发展壮大电子信息等产业，支持哈尔滨人工智能算力中心等项目建设，打造数字产业集群。大力发展生物经济，依托生物农业、生物制造等优势，推动基因工程、细胞工程、合成生物等技术工程应用拓展，推进石药集团恩维生物制药等项目建设，打造哈兽研国际生物谷。聚焦新能源、航空航天、高端装备、新材料、生物医药等重点领域	《黑龙江省政府工作报告》（2024年1月）

省市	未来产业发展布局情况	相关政策
上海市	五大未来产业集群：未来健康产业集群（脑机接口、生物安全、合成生物、基因和细胞治疗），未来智能产业集群（智能计算、通用AI、扩展现实、量子科技、6G技术），未来能源产业集群（先进核能、新型储能），未来空间产业集群（深海探采、空天利用），未来材料产业集群（高端膜材料、高性能复合材料、非硅基芯片材料）	《上海打造未来产业创新高地发展壮大未来产业集群行动方案》（2022年9月）
	积极推进新型工业化，巩固提升工业经济比重，推动重点产业链高质量发展，全力落实新一轮集成电路、生物医药、人工智能"上海方案"，培育提升新能源汽车、高端装备、先进材料、民用航空、空间信息等高端产业集群，加快打造未来产业先导区	《上海市政府工作报告》（2024年1月）
江苏省	优先发展第三代半导体、未来网络、氢能、新型储能、细胞和基因技术、合成生物、通用智能、前沿新材料、零碳负碳（碳捕集利用及封存）、虚拟现实10个成长型未来产业。超前布局量子科技、深海深地空天、类人机器人、先进核能等一批前沿性未来产业	《江苏省政府关于加快培育发展未来产业的指导意见》（2023年11月）
	开辟未来网络、量子、生命科学、氢能和新型储能、深海深地空天等产业新赛道，力争在前沿新材料、高端芯片、重载机器人、关键装备等领域取得新突破，推动工业母机、工业软件等高质量发展	《江苏省政府工作报告》（2024年1月）
浙江省	优先发展未来网络、元宇宙、空天信息、仿生机器人、合成生物、未来医疗、氢能与储能、前沿新材料、柔性电子9个快速成长的未来产业。探索发展量子信息、脑科学与类脑智能、深地深海、可控核聚变及核技术应用、低成本碳捕集利用与封存、智能仿生与超材料等6个领域的未来产业	《浙江省人民政府办公厅关于培育发展未来产业的指导意见》（2023年2月）

续表

省市	未来产业发展布局情况	相关政策
安徽省	围绕通用智能、量子科技、未来网络、生命与健康、低碳能源、先进材料、空天信息、第三代半导体、先进装备制造、区块链、元宇宙等重点领域和发展方向	《安徽省未来产业先导区建设方案（试行）》（2024年2月）
福建省	加快发展新质生产力，培育壮大新一代信息技术、新能源、新材料、生物医药、低空经济等战略性新兴产业，支持宁德建设新能源新材料产业核心区。前瞻布局人工智能、量子科技、氢能等未来产业，推进福州、厦门、泉州人工智能产业园建设	《福建省政府工作报告》（2024年1月）
江西省	创新突破三大赋能型未来产业：未来信息通信（人工智能、工业互联网、元宇宙、柔性电子、微纳光学、卫星应用、量子科技），未来新材料（稀土功能材料、高性能金属材料、高性能纤维及复合材料、石墨烯材料、碳纳米管宏观膜与连续纤维），未来新能源（新型储能、氢能、先进核能、二氧化碳捕集利用与封存）。做大做强三大先导型未来产业：未来生产制造（智能机器人、增材制造、智能制造系统集成），未来交通（智能网联汽车、未来航空、中低速磁悬浮列车），未来健康（生命科学、生物技术、功能食品、智能医疗）	《江西省未来产业发展中长期规划（2023—2035年）》（2023年1月）
	聚焦电子信息、新能源、新材料、装备制造、航空、生物医药等新兴产业。实施未来产业培育发展三年行动，创建一批未来产业先导试验区和未来技术产业研究院，努力在元宇宙、人工智能、新型显示、新型储能、低空经济等领域抢占先机	《江西省政府工作报告》（2024年1月）

续表

省市	未来产业发展布局情况	相关政策
山东省	加快布局人形机器人、元宇宙、量子科技、未来网络、碳基半导体、类脑计算、深海极地、基因技术、深海空天开发等前沿领域，推进6G技术研发和应用。建设济南、青岛未来产业先导区。力争到2025年，重点依托省级以上高新区、经济开发区等特色园区，打造10个左右特色鲜明、创新力强的未来产业集群	《山东省制造业创新能力提升三年行动计划（2023—2025年）》（2023年5月）
	围绕人工智能、生命科学、未来网络、量子科技、人形机器人、深海空天等领域，实施20项左右前沿技术攻关，推动15个省级未来产业集群加快壮大。支持济南、青岛、烟台打造未来产业先导区	《山东省政府工作报告》（2024年1月）
河南省	重点培育量子信息、氢能与储能、类脑智能、未来网络、生命健康、前沿新材料等未来产业	《河南省加快未来产业谋篇布局行动方案》（2022年1月）
	壮大新型材料产业、新能源汽车产业、电子信息产业、先进装备产业、现代医药产业、现代食品产业、现代轻纺产业7个先进制造业集群28个重点产业链，向下梳理延伸N个专精特新细分领域。拓展商业航天、低空经济、氢能储能、量子科技、生命科学等领域，积极开辟新赛道，建设国家未来产业先导区	《河南省政府工作报告》（2024年1月）
湖北省	前瞻布局量子信息、下一代网络、精准医疗、脑科学与类脑研究、液态金属等一批未来产业	《湖北省制造业高质量发展"十四五"规划》（2021年11月）

续表

省市	未来产业发展布局情况	相关政策
湖北省	实施战略性新兴产业倍增计划，推动光电子信息、高端装备制造等5大优势产业突破性发展，支持算力与大数据、量子科技等新兴特色产业发展，"光芯屏端网"、汽车制造与服务、大健康三大产业达到万亿级规模。推进未来产业发展行动计划，实施6G创新工程、人形机器人突破工程，加快生命科学、AI大模型、前沿材料、未来能源等领域产业布局，建设一批概念验证中心、中小试基地、众创空间，推动形成"新技术突破–新场景应用–新物种涌现–新赛道爆发"的正反馈循环	《湖北省政府工作报告》（2024年1月）
湖南省	围绕人工智能、生命工程、量子科技、前沿材料等未来产业领域，加强基础科学研究，着力突破关键技术，适度推进产业化布局	《湖南省现代化产业体系建设实施方案》（2023年12月）
	前瞻布局未来产业。加强集成电路、工业母机、基础软件等关键技术突破；人工智能产业聚焦推进工业机器人、服务机器人等关键软硬件研发与制造；生命工程产业着力推动人工生物设计、脑机接口、类脑芯片等领域研发创新，发展生物制造产业；量子科技产业强化在先进计算、智能制造、检测计量等领域的应用场景建设；前沿材料产业重点围绕3D打印材料、超导材料、纳米材料等领域开展技术攻关	《湖南省政府工作报告》（2024年1月）
广东省	发展集成电路、新型储能、前沿新材料、超高清视频显示、生物制造、商业航天等新兴产业。实施五大未来产业集群行动计划，超前布局6G、量子科技、生命科学、人形机器人等未来产业，创建国家未来产业先导区	《广东省政府工作报告》（2024年1月）

续表

省市	未来产业发展布局情况	相关政策
广西壮族自治区	瞄准新能源汽车、生物医药、新材料等战略性新兴产业，推进一批标志性牵引性项目。前瞻布局人工智能、生命科学等未来产业	《广西壮族自治区政府工作报告》（2024年1月）
海南省	培育新质生产力。充分发挥气候温度、海洋深度、地理纬度和绿色生态"三度一色"优势，聚焦种业、深海、航天、绿色低碳、生物制造、低空经济等新领域新赛道	《海南省政府工作报告》（2024年1月）
重庆市	培育壮大"新星"产业集群：布局卫星互联网、生物制造、生命科学、元宇宙、前沿新材料、未来能源、高成长性产业等领域	《深入推进新时代新征程新重庆制造业高质量发展行动方案（2023—2027年）》（2023年9月）
	实施未来产业和高成长性产业发展行动，推动卫星互联网产业园建设，深化北斗规模应用及配套产业发展，加快开辟低空经济、生物制造等新领域新赛道，不断塑造发展新动能新优势	《重庆市政府工作报告》（2024年1月）
四川省	重点布局和大力发展人工智能产业，培育生物技术、卫星网络、新能源与智能网联汽车等新兴产业。加快发展低空经济，支持有人机无人机、军用民用、国企民企一起上，支持成都、自贡等做大无人机产业集群，布局发展电动垂直起降飞行器。推进集成电路、工业软件等领域关键核心技术攻坚及产业化，推动北斗规模应用和产业集聚发展。深入实施战略性新兴产业融合集群发展工程，争创第二批国家战略性新兴产业集群，新布局一批省级集群。谋划建设未来产业科技园，争创国家未来产业先导区、生物经济先导区	《四川省政府工作报告》（2024年1月）

续表

省市	未来产业发展布局情况	相关政策
云南省	大力培育新材料、稀贵金属、先进装备制造、光电等新兴产业，布局发展人工智能、生物制造、卫星应用、低空经济、氢能及储能等未来产业，形成新质生产力	《云南省政府工作报告》（2024年1月）
陕西省	培育壮大战略性新兴产业，打造氢能、光子、低空经济、机器人等新增长点，前瞻布局人工智能、量子信息、生命科学等未来产业	《陕西省政府工作报告》（2024年1月）
新疆维吾尔自治区	大力发展新能源新材料等战略性新兴产业集群，加快推动哈密北、准东、喀什、若羌等一批千万千瓦级新能源基地和乌鲁木齐、伊犁、克拉玛依、哈密等4个氢能产业示范区建设；推动铝基、铜基、钛基、锂基等产业链延伸发展，加快发展新能源装备、高端输变电、新型农牧机械等先进制造业	《新疆维吾尔自治区政府工作报告》（2024年1月）
宁夏回族自治区	加快建设新型材料等"七大产业基地"，着力打造"中国氢纶谷""中国新硅都"和"世界葡萄酒之都"。实施"制造业集群发展工程"，加快先进制造业和现代生产性服务业融合发展，重点培育现代化工、新型材料两个2千亿级产业集群，建构装备制造、数字信息、轻工纺织三个1千亿级产业集群，力争进入国家先进制造业集群方阵	《宁夏回族自治区政府工作报告》（2024年1月）
甘肃省	争创石化化工、冶金有色、新能源及新能源装备制造等3个国家级先进制造业产业集群，打造装备制造、数字经济、生物医药等省级先进制造业集群，培育认定5个省级中小企业特色产业集群。持续抓好庆阳"东数西算"产业园建设。支持天水打造集成电路封测产业聚集区。支持金昌打造全国重要的新能源电池及电池材料生产供应基地	《甘肃省政府工作报告》（2024年1月）

续表

省市	未来产业发展布局情况	相关政策
青海省	实施新能源、新材料等重点产业链高质量发展行动，加强质量支撑和标准引领，进一步提高制造业特别是高技术制造业和装备制造业占比，积极谋划未来产业，培育产业新赛道	《青海省政府工作报告》（2024年1月）
西藏自治区	依托国家战略工程，以"整体推进"模式谋划区域产业布局，以大工程振兴大产业、带动大发展。制定推进新型工业化实施意见，规上工业和数字经济增加值均增长10%以上。设立以专项债为主的清洁能源产业专项资金，确保建成电力装机增长25%以上。加强铜、锂等战略资源绿色开发，实现优势矿产上产扩能、提质增效	《西藏自治区政府工作报告》（2024年1月）
贵州省	加快抢占未来产业新赛道。发挥智算规模和数据要素优势，加快发展数据标注、模型训练等人工智能基础产业，着力突破旅游等行业大模型产业，大力发展北斗、元宇宙、平台经济、渲染、电竞、动漫等新产业	《贵州省政府工作报告》（2024年1月）

资料来源：中智科博研究院。

专栏6-1 我国部分省份提升战略性新兴产业发展能级的政策举措

● 浙江省加快现代化产业体系构建，提升产业链供应链韧性和安全。一方面，深化创新机制，提升基础研究与原始创新能力。一是以"从0到1"基础研究为导向，完善基础研究关键科学问题凝练机制，有组织地推进战略导向的体系化基础研究、前沿导向的探索性基础研究、市场导向的应用型基础研究，布局建设一批基础研究重大项目。二是以承担重大科技任务为牵引，健全关键核心技术攻关机制。聚焦创新链产业链上的"卡点""堵点"，加强产业链上下游企业、高校院所、金融机构协同攻关，打造"产学研贯通、上下游一体"的科创全链条①。

另一方面，强化平台支撑，提升战略性新兴产业全省域发展能级。一是以高能级科创平台体系为引领，聚焦主导产业，构建布局合理、错位发展的平台体系，建立平台间的竞争考核机制，提升高能级科创平台质效。二是以深入实施产业基础再造和产业链提升工程为抓手，推动基础工艺高端化发展，加快推进重大科技基础设施群建设，夯实产业发展基础。三是以产业成长性为着眼点，结合各区资源禀赋，合理规划各产业集群的重点布局区和各区重点发展的产业集群，统筹各区错位发展。以杭甬"双城记"为示范引领，打造区域创新高地体系。以杭州城西科创大走廊为主平台，联动推进G60（浙江段）、宁波甬江、温州环大罗山、浙中、绍兴、台州湾等科创走廊建设，推进科创走廊间合作交流与联动发展，赋能市县创新能级加快提升。

● 广东省加快培育前沿新材料战略性新兴产业。围绕前沿新材料重点领域，推动产业链和创新链协同发展，培育一批区位优势突出、产业特色明显、政策配套完善、具有品牌竞争力的产业集聚区，依托产业梯度转移招商引资对接平台做好前沿新材料产业招商引资工作。例如，以广州、深圳、佛山、东莞、中山、珠海为依托，建设新型半导体材料、器件、制造、应用的集聚区；以韶关、肇庆、湛江、阳江、云浮等地区为依托，发展高性能钢材，构建以珠江西岸和粤北地区为主的先进金属材料产业集聚区；以深圳、广州、佛山、东莞、江门、惠州和云浮为依托，建设高性能动力电池材料、燃料电池材料、储氢材料和核能材料等新能源材料产业集聚区等等。

● 陕西省打造万亿级战略性新兴产业集群。为高质量打造万亿级战略性新兴产业集群，加快形成新质生产力，陕西省发展改革委会同省财政厅组

---

① 浙江省"315"科技创新体系建设工程2024年工作计划［J］.今日科技，2024（3）：9-13.

织开展2024年战略性新兴产业发展专项资金（产业创新集群）项目申报工作，通过专项资金补助的方式，重点在光子、人工智能、超导、北斗、增材制造、第三代半导体等战略性新兴产业重点领域，支持一批重点园区推进的产业创新集群项目，具体包括创新能力建设项目、新技术新产品开发及产业化项目、公共技术服务平台建设项目等①。例如，西北最大的建筑光伏一体化发电项目——隆基绿能产业园34兆瓦光伏发电项目并网发电，助推陕西能源产业转型升级；西安奕斯伟硅产业基地二期项目建成12英寸集成电路用硅片生产线及配套设施，提升陕西半导体及集成电路产业链发展水平；总投资150亿元的比亚迪新能源汽车零部件产业园建成电动总成、电机、电控等新能源汽车核心零部件生产工厂，预计可实现年产值700亿元，增强陕西新能源汽车产业竞争力②。

资料来源：本课题组根据公开资料整理。

6.1.2 有效发挥产业分工的重要推动作用

科学的产业分工是辽宁做好产业结构调整"三篇大文章"的重要前提，要全面构建以新质生产力引领现代化产业体系分工协作新格局。为此，应加快推进以下工作：

一是明确各类市场主体的分工定位。辽宁现代化产业体系建设应统筹国企（公有制经济）与民企、外企（非公经济）的分工定位。政府相关部门应全面摸排省内国企、民企、外企在产业链关键环节及上下游配套情况。在此基础上，在"46922+X"现代化产业体系中，涉及维护国家"五大安全"的关键领域，应优先支持以国企为主导、民企与外企积级融入的产业分工模式；其他领域可结合《产业结构调整指导目录（2024年本）》，鼓励国企、民企、外企通过公平竞争实现资源优化配置，使各类市场主体共同分享现代

---

① 杨晓梅. 陕西重点支持一批战略性新兴产业项目建设［N］. 陕西日报，2024-06-05（2）.
② 杨晓梅. 重点项目"强引擎"提速现代化产业体系建设［N］. 陕西日报，2024-01-03（4）.

化产业体系分工协作带来的发展红利。

二是支持省内各类市场主体的分工协作。辽宁现代化产业体系建设需大力发展相关配套产业，提升4个万亿级产业基地、6个千亿级产业集群、9个关联性产业集群等头部企业的本地配套率。政府相关部门应重点围绕石油化工、先进装备制造等以国企相对占优的支柱产业，以及汽车及零部件、机器人、生物医药、优质特色消费品等民企、外企相对占优的产业，优化国企、民企、外企的区域分工布局。可借鉴浙江省"块状经济"发展经验，重点支持抚顺市、本溪市、丹东市、阜新市、辽阳市、铁岭市、葫芦岛市等现代化产业布局较少地区，增强其对非公经济市场主体的吸引力。在此基础上，结合"飞地经济"政策，借鉴黑龙江省哈尔滨市实行阶梯化奖补机制的做法，鼓励头部企业提高本地配套率。重点发挥产业发展专项基金、"免申即享"、产业链专项招商等政策组合效能，定向实施以支柱产业"建链、补链、强链"工程为载体的产业链配套新模式。另外，还需根据区域实际情况，进一步优化招商引资、项目建设、扶持资金等政策工具支持方向，为辽宁现代化产业体系建设注入更多市场活力。

6.1.3　加快建立现代化产业体系引领示范区

当前，我国以新质生产力推动现代化产业体系建设仍处于起步探索阶段。其中，陕西省发布了《陕西省高水平推进产业创新集群建设加快形成新质生产力实施方案》，深圳市发布了《关于加快发展新质生产力进一步推进战略性新兴产业集群和未来产业高质量发展的实施方案》，均提出设立新质生产力发展示范区的发展思路，为辽宁探索以新质生产力推动现代化产业体系建设的靶向路径和配套政策提供重要借鉴。辽宁现代化产业体系建设可参照工业和信息化部2024年公布的35个国家先进制造业集群的典型经验，在沈抚改革创新示范区，抚顺、阜新等资源枯竭型城市和丹东等沿边开放城市，设立以新质生产力推动现代化产业体系建设的示范区；在铁岭等县域经济集聚地，设立以农业新质生产力推动现代化产业体系建设的示范区。围绕高端装备、新一代信息技术、新材料、特色消费品等重点领域，在科技创新、企业培育、产业生态建设、场景拓展及国际合作等方面持续发力，通过"政策引导+央地合作+区域跟进"的方式，形成更多可复制、可推广的典型经验。为此，应加快推进以下工作：

一是强化培育壮大战略性新兴产业的政策支持力度。政府相关部门应加快制订产业支持政策，通过提供土地补贴、专项财政资金支持等政策措施，集中资源重点支持战略性新兴产业发展，加快提升产业竞争力。

二是提升示范区重大技术创新策源能力。推动省内高校与示范区合作共建高端创新平台，吸引省内知名高校、科研机构和龙头企业在示范区设立高端研发机构和综合型研究院所，实现科技资源高效聚集，显著增强示范区技术创新辐射带动作用。加大对创新型领军企业和科技型中小微企业的人才引进和项目资金扶持，加快构建服务于现代化产业体系建设的创新生态圈。

三是推进示范区科技成果转化。出台相关政策支持高校、科研院所及企业在示范区设立技术转移机构，鼓励建设科技成果转化中试基地。对绿色技术研发、技术转移、检验检测认证、创业孵化、知识产权及科技咨询等，优先提供专业化和综合性科技服务，形成覆盖科技创新全链条的服务体系，推动科技成果高效转化为现实生产力，全面提升科技创新在现代化产业体系建设中的驱动作用。

6.1.4 加快推进规上工业企业规模化发展

工业企业是现代化产业体系建设的重要支柱，辽宁应在规模以上工业企业数量方面实现新突破。为此，应加快推进以下工作：

一是强化"小升规"和"保规上"政策支持力度。小微企业规模化发展，全省规模以上工业企业数量稳定，是进一步巩固工业经济增长的基础[1]。政府应明确到 2025 年底"小升规"工业企业新增数量和"保规上"工业企业维持数量的任务目标，并根据省内规模以上工业企业分布情况，按市、县、区"三级"分解目标，逐级压实责任。同时，进一步实行企业服务专员制度，为企业提供具有针对性的政策辅导，确保政策落地见效。

二是完善财政奖励政策，激发企业发展动力。政府相关部门应优化财政奖励措施，激发企业发展积极性，推动更多小微企业迈入规模以上工业企业行列，具体可参照 2021 年大连市"小升规"和"保规上"奖励政策标准[2]，对"小升规"企业、战略性新兴产业企业以及首次纳入"小升规"并连续三年保持规上状态的企业配套省级奖励资金。通过精准激励，推动更多企业迈入规模以上工业企业行列，进一步壮大辽宁工业经济发展规模和实力。

6.2 建立健全先进制造业当家发展要素配置新机制

辽宁应积极推动土地、用能、金融、数据等发展要素向维护国家"五大安全"的先进制造业和战略性新兴产业集中，为现代化产业体系建设夯实要素保障基础。

---

① 宋旭光，何佳佳，左马华青. 数字产业化赋能实体经济发展：机制与路径 [J]. 改革，2022（6）：76-90.
② 2021 年《大连市"小升规"企业奖励资金使用办法》中规定，对首次纳入"小升规"企业，给予一次性奖励 5 万元，其中战略性新兴产业企业一次性奖励 10 万元；对首次纳入"小升规"且连续三年均为规模以上工业企业的，第三年再给予一次性奖励 3 万元。

6.2.1 持续推进发展要素向先进制造业集中

辽宁应根据现代化产业体系建设对发展要素的内在需求，推动各类要素资源向先进制造业集中。特别是要充分认识数据要素在提升全要素生产率中的关键作用，明确提升数据要素利用效率、因地制宜发展新质生产力的方向（详见专栏6-2），促进资源共享与融通创新。为此，应加快推进以下工作：

一是优化发展要素向先进制造业集中的制度安排。借鉴广东省在资源要素配置向先进制造业集中方面的典型经验，提高土地、用能、金融、数据等发展要素在先进制造业和战略性新兴产业中的比重，提升资源配置效率，推动先进制造业和战略性新兴产业率先发展。对此，应设立明确的约束性指标，支持分类施策：对于土地等一次性投入要素，设定硬性供给约束；对于用能、金融、数据等重复性投入要素，可协调金融、电力、能源等部门加强资源倾斜和支持力度，确保重点领域需求得到保障。

二是有效降低先进制造业发展要素成本。参照《广东省降低制造业成本推动制造业高质量发展若干措施》，制定辽宁省降低制造业成本行动方案，通过实质性政策支持，降低制造业企业研发、用电、物流等成本，增强企业发展动力，为先进制造业发展提供更加有力的要素保障和成本优化环境。重点包括：对制造业企业研发费用实施税前加计扣除政策，对先进制造业企业实行增值税加计抵减，进一步降低制造业企业用电和物流成本等。

专栏6-2　　以数据要素助力形成新质生产力的价值逻辑

在数字经济时代，数据是新的生产要素，是基础性资源和战略性资源，也是重要生产力。一方面，数据要素通过产业链供应链赋能传统生产要素的方式，为形成新质生产力提供重要动力。土地、劳动力、资本、技术、管理等为代表的传统生产要素，通过产业链供应链价值传导方式，不断提升其数据要素的利用水平，从而呈现数据要素向传统生产要素不断渗透的发展态势，该传导方式也呈现低投入、高产出的主要特征。相关数据表明，在信息传输、软件和信息技术服务业，数据要素投入每增加1%，产出就增加约3%；在科学研究和技术服务业，数据要素投入每增加1%，产出就增加约1.57%。

另一方面，数据要素通过深度参与国内国际双循环方式，创造了新质生产力。在参与国内经济循环方面，数据要素通过提高生产、流通、分配、消费等环节信息对称性方式，提升了国内经济循环在总量、结构、质量、制度等方面的适配性，从而推动产业结构、市场结构、分配结构、消费结构等趋于"最优解"；在参与国际经济循环方面，数据要素在我国制度型开放的更高水平上，通过推动国内国际两个市场两种资源中的劳动力、资本、技术、管理等自由流动，不仅能够提高全球的生产、流通、分配和消费效率，而且实现了我国在全球产业链价值链中分工定位的最优化，从而创造了新质生产力。

6.2.2 全面提升各类发展要素保障水平

辽宁应全力提升各类发展要素保障能力，多措并举为先进制造业高质量发展提供有力政策支持，持续提升维护国家"五大安全"的能力水平。为此，应加快推进以下工作：

一是强化先进制造业项目用地指标保障。优化土地资源配置和创新供地模式，能够有效降低企业用地成本，提高土地资源利用效率，推动重点先进制造业项目加速落地和建设。政府相关部门应优先满足省、市重点先进制造业项目的用地需求，确保项目顺利落地和加快建设投产。依托大连、鞍山等国家级高新区，抚顺、丹东等省级高新区，以及台安、朝阳等国家级农业产业园等重点发展载体，优化土地资源配置。支持工业用地采取弹性年限出让方式，探索通过政府投资建设"只租不售"的标准厂房模式，切实降低先进制造业企业的落户启动成本，进一步提升用地保障水平，为推动先进制造业高质量发展提供强有力支撑。

二是提高先进制造业项目的金融保障水平。进一步优化金融资源配置[1]，构建以直接融资工具为主、间接融资工具为辅的区域金融结构，在《辽宁省进一步稳经济若干政策举措》中所列直接融资工具基础上，借鉴北京"银行+企业专利权/商标专用权质押"模式、浦东"银行+政府基金担保+专利权反担保"模式、武汉"银行+科技担保公司+专利权反担保"模式以及四川"银行贷款+保险保证+风险补偿+财政补贴"模式，进一步优化融资支持机制。充分发挥辽控集团等省内国有金融资本服务实体经济的靶向作用，灵活运用辽宁省投资基金、融资担保、贷款贴息、普惠小微贷款、碳减排、科技创新、设备更新改造等间接融资工具，形成多元化、多层次的金融支持体系，为先进制造业发展提供强有力的资金保障。

三是提高先进制造业项目关键技术攻关的保障水平。强化科技创新政策支持力度，精准赋能高新技术企业和重点技术项目，加快关键核心技术突破。在《辽宁科技创新政策要点选编（2021年1月—2023年4月）》基础上，针对高新技术企业、"专精特新"企业、"小巨人"企业及"首台套"技术项目等，结合辽宁实际，制定适配性科技创新支持政策。加强对全省规上工业企业及"小升规"新晋企业开展定向政策宣讲和申报辅导，确保政策精准落地、惠企实效显著。

四是提高先进制造业项目数据要素资源利用效能的保障水平。坚持效率最优化和效益最大化原则，采取差异化推进策略，优化数据要素资源配置，全面提升数据要素资源利用效能，强化数据要素在提升全要素生产率中的导

① 汪旭晖，朱力.中国式现代化背景下畅通国内大循环的理论逻辑与制度安排[J].经济学家，2023（1）：67-76.

向作用。要适度优先将数据要素资源向先进制造业项目倾斜，充分发挥数据要素在赋能产业链价值链及攻克"卡脖子"关键核心技术中的支撑作用。同时，还要推动政策协调联动，消除不同区域、不同部门之间的"政策孤岛"，释放政策工具组合效能，为先进制造业高质量发展提供强有力的数据要素保障。

6.2.3　不断提高人力资源要素供给质量

人力资源要素供给质量是制造业高质量发展的关键支撑①。辽宁应坚持精准施策、分类推进，全面提升制造业人力资源要素供给质量，围绕维护国家"五大安全"的先进制造业和战略性新兴产业布局创新链人才链，激发创新驱动内生动力。为此，应加快推进以下工作：

一是加大柔性引才力度。推行灵活多样的引才政策，通过顾问指导、项目合作、短期兼职、建立院士工作站等方式吸引国内外高层次人才，结合人才层次提供相应补贴待遇，增强引才政策的吸引力和实效性，为产业高质量发展提供智力支持。

二是实施高端领军人才培育计划。高端领军人才具备前沿技术研发、资源整合等能力，通过技术创新和管理创新，推动传统制造业向高端化、智能化、绿色化转型，促进先进制造业高质量发展。相关部门应健全高端领军人才评选认定培育机制，重点发掘、培养和储备先进制造业领域高精尖技能人才，提升全省制造业技能水平和核心竞争力。

三是推进"产教评"技能生态链建设。构建技能人才培养全链条，优化技能供给结构，能够提升职业技能培训的针对性和实效性，强化制造业技能人才基础。相关部门应组织龙头企业、职业院校等联合构建以产业岗位标准为引领、院校学生和教学资源为基础、职业技能等级评价为纽带的"产教

---

① 王薇，任保平．"新基建"促进现代化产业体系构建：作用机制、约束条件与优化路径[J]．改革与战略，2023，39（1）：119-131.

评"融合发展机制,建立集招生、培训、评价、就业为一体的技能人才供应链,完善技能人才培养全链条。

四是制定引才优惠政策。借鉴河北省唐山市国资委出台的《关于鼓励监管企业人才引进十条措施》,在辽宁省内设立特殊人才引进专项资金,进一步优化人才资源配置。对企业引进人才的实际支出成本,经人社、税务等主管部门确认后,可视为免税利润,有效降低企业在人力资源方面的成本负担,进一步激发企业引才用才的积极性,为辽宁省制造业高质量发展提供坚实的人才支撑。

6.2.4 切实加大先进制造业招商引资力度

辽宁应根据"因地制宜盘活优质存量资源、循序渐进发展增量资源"的总体思路,以做大做强本地制造业企业为基础,将产业招商引资作为推进"46922+X"现代化产业体系建设的重要抓手。要聚焦"独角兽"企业、"瞪羚"企业、行业龙头企业和上市公司,精准发力,加大招商引资力度,积极引进世界500强企业、中国500强企业或行业头部企业项目落户辽宁,推动全省制造业迈向高质量发展新台阶。为此,应加快推进以下工作:

一是全面构建"五统一"招商工作新机制。建立统一规划、政策支持、行动协调的服务保障体系,能够优化招商引资工作流程,提升招商工作的专业化和系统化水平。政府相关部门应建立全省统一招商规划、统一政策支持体系、统一招商行动、统一专业招商队伍、统一公共服务平台,形成系统化、规范化的招商引资新格局。重点围绕先进装备制造业、石化和精细化工、冶金新材料、优质特色消费品工业4个万亿级产业基地,以及低空经济、冰雪经济、军民融合、激光与增材制造、服务型制造、现代物流、现代金融、数字与文化创意、深海科技等关联性产业集群的头部企业及其关联规上工业企业开展精准招商活动。在招商入驻的规上企业享受招商引资优惠政策的同时，对全产业链集中落户辽宁的项目、引进与本企业上下游关键配套的项目进一步给予额外奖励支持，不断丰富完善《辽宁省进一步推动经济以进促稳稳中提质若干措施》。通过强化政策激励与服务保障，充分发挥招商引资对全省产业链集聚和现代化产业体系建设的引领带动作用，为辽宁经济高质量发展注入新动能。

二是全面推进"双招双引"全产业链招商模式。在系统梳理全国知名数字经济产业链、供应链"链主"企业名单的基础上，加快制定辽宁省"双招双引"责任清单，明确各级部门招商引资的目标任务和推进路径，精准对接全国知名产业链"链主"企业，提升招商引资的针对性和实效性。可借鉴黑龙江省支持数字经济发展的成功经验，一方面完善对龙头企业及其总部、招商引资平台的激励政策；另一方面，充分发挥辽宁自贸试验区在对外招商引资中的平台集聚效应，积极引进外资总部企业和头部企业，加快建设以"总部管理+制造基地"为核心的数字产业生态集群，打造具有辽宁特色的数字经济发展高地。

三是全力强化国际高端产业引进项目对制造业的支撑作用。根据投入产出效益、产业关联度等关键指标，围绕新一代信息技术、高档数控机床和机器人、石化工业、海洋工程装备及高技术船舶、先进轨道交通装备、新能源汽车、电力装备、新材料、生物医药及高性能医疗器械、低空飞行器、服装纺织、海洋功能食品和生物制品等重点领域，科学评估其对制造业在数据要素形成、市场交易和场景开发等贡献。据此制定辽宁省承接RCEP国家高端产业项目的转移清单，明确优先引进的项目和领域。在此基础上，进一步优化和调整针对RCEP国家的海外招商策略，实施精准招商，构建以制造业为核心的国际化产业合作新格局，助力辽宁现代化产业体系建设更好地应对国际竞争。

6.3 建立健全世界一流示范企业培育新体制

辽宁应牢记维护国家"五大安全"的战略使命,通过建立健全新型市场主体培育体制机制,努力打造一批世界一流示范企业,全面加快现代化产业体系的建设步伐。

6.3.1 明确辽宁省世界一流示范企业梯队发展目标

世界一流企业梯队是辽宁"46922+X"现代化产业体系建设的先锋力量。辽宁应立足维护国家"五大安全"战略定位,进一步明确世界一流企业梯队的发展目标,为现代化产业体系建设注入强劲动能。为此,应加快推进以下工作:

一是制定辽宁省世界一流示范企业和专精特新示范企业名单。辽宁可集中资源支持一批具备核心竞争力和创新能力的企业,发挥其在重点产业链和价值链中的引领作用。例如,恒力重工集团整合多方资源,强化优势互补,在长兴岛建立世界级石化产业园区,成为民营企业高质量发展的典范。参照国务院国有资产监督管理委员会《关于印发创建世界一流示范企业和专精特新示范企业名单的通知》相关标准,结合辽宁"46922+X"现代化产业体系建设总体要求,在先进装备制造业、石化和精细化工、冶金新材料、优质特色消费品工业4个万亿级产业基地头部企业,以及农林产品深加工、现代服务业等千亿级产业集群头部企业中遴选省级世界一流示范企业和专精特新示范企业,以点带面提升产业链整体竞争力,为辽宁现代化产业体系建设提供有力支撑。

二是多措并举培育更多省级世界一流示范企业和专精特新示范企业。对标国家级世界一流示范企业和专精特新示范企业标准,全面梳理企业在现代企业治理、管理能力、科技研发水平、一流人才队伍、现代产业链建设和卓越品牌打造等方面的短板和弱项，制定切实可行的改进措施。同时，编制辽宁省世界一流示范企业和专精特新示范企业行动方案，为全省企业培育提供科学系统的行动指南，培育出更多省级世界一流示范企业和专精特新示范企业，助力辽宁现代化产业体系建设迈向新高度。

6.3.2 实施辽宁省世界一流企业示范梯队培育计划

培育世界一流企业梯队是一项长期的系统性工程，辽宁应根据产业布局、产业关联度等，久久为功，不断发力，奋力打造初级、中级、高级三个培育梯队。为此，应加快推进以下工作：

一是加大对省级世界一流示范企业和专精特新示范企业的支持力度。优化辽宁省科技领军企业、"链主"企业、制造业单项冠军企业、"专精特新"中小企业的梯度培育机制。通过构建科技领军企业和"链主"企业引领、制造业单项冠军企业攻坚、"专精特新"企业筑基的梯队体系，打造具有国际竞争力的世界一流企业和"专精特新"企业集群。

二是实施"规改股、股上市"市场主体培育计划。支持辽宁"46922+X"现代化产业体系中的产业链上下游关联企业，通过市场化的横向整合和纵向联合，实现规模化和专业化发展，提升产业链整合能力，以此为"规改股、股上市"奠定坚实的产业发展基础，推动更多企业登录资本市场，增强融资能力和发展动能。

6.3.3 构建辽宁省世界一流示范企业创新联合体

科技研发水平是衡量世界一流企业梯队建设的重要指标。辽宁应加快构建世界一流企业创新联合体，积极组建实质性产学研联盟，实施"揭榜挂帅"项目。

一是探索"企业出题、科研机构答题"的协同创新模式。建立企业需求与科研供给的精准对接机制，能够加快科技成果向现实生产力转化。政府相关部门应推动企业联合高校、科研院所等组建创新联合体，围绕企业技术需求开展科学研究、实验开发和推广应用，形成"三级跳"创新模式，加速科技成果向现实生产力转化。

二是打通产学研与产业链上下游联动渠道。强化创新链与产业链深度融合，能够推动企业技术突破和产业协作升级，构建全要素、多层次的协同创新生态。政府相关部门应以企业为核心支点，打造关键技术自主创新的"核心圈"，构筑协作紧密的技术与产业"朋友圈"，形成辐射广泛的"辐射圈"，促进创新链、产业链、资金链、人才链深度融合，推动技术创新和产业发展协同并进。

三是发挥科技领军企业的引领作用。支持以东软集团、沈鼓集团等科技领军企业和科技型骨干企业为龙头，依托其企业规模、研发资金和科研优势，积极承担国家重大科技任务和关键核心技术攻关项目，强化科技创新对全省产业发展的引领支撑作用。

四是引导"专精特新"中小微科技企业聚焦细分领域创新。推动中小企业在细分市场中精耕细作，能够提升核心产品竞争力和市场占有率，为现代化产业体系建设注入灵活性和创新力[①]。政府相关部门应加强对重点培育企业的经营监测，引导企业在细分领域精耕细作，专注核心产品开发，不断提升核心竞争力，为构建世界一流企业创新联合体注入持久动力。

6.3.4 打造辽宁省世界一流示范国企雁阵新方阵

世界一流企业雁阵不仅是引领现代化产业体系建设的先锋队，还是推动新质生产力通过资源对接、项目对接、产业对接、技术对接方式，向维护国

---

① 芮明杰. 中小企业转型升级与现代化产业体系高质量发展 [J]. 人民论坛·学术前沿，2023（5）：71-79.

家"五大安全"核心产业及其产业链上下游延伸的重要主力军。辽宁现代化产业体系建设应立足维护国家"五大安全"的战略定位，抢抓"央地合作"的战略新机遇，在先进装备制造业、石化和精细化工、冶金新材料、优质特色消费品工业 4 个万亿级产业基地，以及农林产品深加工、现代服务业等千亿级产业集群，遴选和培育世界一流企业，据此形成世界一流国企雁阵新方阵。为此，应加快推进以下工作：

一是应发挥新质生产力对培育世界一流国企雁阵的重要支撑作用。第一，制定世界一流国企雁阵培育清单。依据企业营业收入、纳税额度、吸纳就业人数、创新能力等量化指标，对全省高新技术企业、制造业单项冠军、"专精特新"企业进行全面梳理，遴选排名前 10 的企业，纳入辽宁省世界一流国企雁阵培育清单。第二，实施世界一流国企雁阵培育计划。根据辽宁省新质生产力在产业层面及区域层面的部署情况，加快制定实施世界一流企业雁阵培育行动计划，依托高新技术企业、制造业单项冠军、"专精特新"、"首台（套）"等科技创新政策工具，通过财政专项激励和重点项目"揭榜挂帅"等方式，引导新质生产力创新资源优先向培育清单内企业倾斜，助力其发展壮大。

二是应发挥以国有企业为代表的公有制市场主体在打造世界一流企业雁阵中的引领带头作用。第一，积极打造原创技术策源地。支持国有企业依托技术与资金优势，超前布局前沿技术和颠覆性技术，强化国家战略科技力量，着力建设原创技术策源地（详见专栏 6-3），加快推进科技自立自强，提升辽宁在关键技术领域的核心竞争力。第二，推动国企聚焦主责主业。按照《国民经济行业分类》精准界定企业主业范围，严控非主业投资，集中资源巩固提升行业领军地位，持续优化主业产品结构和技术水平，提高企业主业竞争力。第三，推动企业治理和管理效能提升。实施企业治理效能提升行动，强化董事会建设，推进质量强企工程，提高企业科学决策、精益管理和智慧运营能力，夯实企业价值创造基础，全面提升国企现代化治理水平和市场竞争力。第四，实施国有企业家培育行动。打造高素质企业家队伍，能够增强企业管理创新能力，为国企高质量发展注入核心动力。政府相关部门应赋予优秀企业家更大管理职权，加强对企业家队伍的系统化培育，全面提升企业管理能力和创新能力。第五，健全一流人才引进与激励机制。吸引和留住高端人才，构建完善的人才梯队，能够为企业持续创新和高效运营提供保障。政府相关部门应构建与经营业绩和企业贡献紧密挂钩的激励约束机制，完善高端人才引进、培养和使用政策，为打造世界一流国企雁阵提供坚实的人才保障。

专栏6-3　　　　辽宁加快打造原创技术策源地的战略构想

● 强化国企科技创新主体地位，提升原创技术识别能力

应鼓励国企依托自身优势，超前布局前沿技术和颠覆性技术，统筹利用国内外创新资源要素，进一步强化国家战略科技力量建设。立足辽宁目前在信息安全、软件服务等领域的基础优势，积极聚集国资系统内各种资源，针对制造业数字化转型过程中持续提高的安全性、可控性和稳定性要求，以市场需求和行业前沿为导向，加大研发和投资力度，加强与基础硬件和基础软件领域龙头企业合作，深入推进原创技术的需求识别。强化国企创新激励制度建设，引导国企普遍建立研发准备金制度，完善内部科研项目立项机制，构建突出原创技术研发驱动的国企负责人经营业绩考核体系，完善科技成果评价和转化分享机制，强化知识产权保护，引导国企建立科技投入稳定增长的长效机制。

● 强化国企的协同创新作用，提升原创技术生产能力

应鼓励有条件的国企联合高等院校、科研院所、行业上下游企业聚焦产业共性技术需求，共建技术支撑和应用开发平台。支持国企搭建各类数字转型服务平台，向高校、科研机构和中小企业等创新链、产业链上下游开放和

共享产业数字化转型数据，贯通协调产业链上下游，为中小企业提供包括水平评估、转型建设指南、数字化转型工具集、转型解决方案、智能检测、标识解析服务等在内的数字化服务，在推动企业自身转型的同时实现制造业服务化价值增值。同时，针对核心数字技术研发特点，辽宁可通过优化高新技术企业、"专精特新""小巨人""首台（套）"等创新政策工具组合方式，对承担核心数字技术研发、业态创新的数商企业"量体裁衣"，制订一揽子全生命周期研发创新支持方案。

● 协同推动工业领域与消费领域数字化场景应用，提升原创技术转化能力

一方面，建议推动创新资源、政策、服务进一步向优势企业集聚，建设制造业数字化转型新高地。依托辽宁制造业丰富的场景资源，聚焦产业链数据的深度互联，协同推进制造类企业尤其是国企从"设计–生产–服务"全链条的数字孪生改造，实现企业内部、产业链和生态圈数据流闭环畅通，推动企业价值链的纵向延伸与横向多元化集成。在国企间及企业内部开展产业链专业化整合，加快培育"链主"企业、"龙头"企业，提高关键产业链整体控制力。推动以国企为核心、以民企为支撑的跨产业创新与融合，鼓励国企加强与各类企业主体之间沟通对接，探索建立资源信息共建或共享机制。另一方面，建议发挥民企、外企在优质消费品工业领域的比较优势，加强数据要素与其优势产业的深度对接。通过提供定向补贴等方式，支持民企、外企为代表的非公有制市场主体在消费领域开发适应消费升级需求的定制化应用场景，全面推动大数据产业应用场景"百花齐放"。

6.4 全面落实产业与区域高度协调发展新举措

辽宁应以维护国家"五大安全"战略使命为导向，不断提升产业政策和区域政策组合的使用效能，加快构建现代化产业体系与区域协调发展的新格局。

6.4.1 优化现代化产业体系区域战略布局

辽宁应坚持以产业促进区域协调发展为导向的现代化产业体系战略布局，采取"兼顾公平普惠与发展速度"的产业发展新思路，进一步完善产业生态，持续提升维护国家"五大安全"能力，形成对国家重大战略强有力支撑。为此，应加快推进以下工作：

一是优化"一圈一带两区"产业布局。科学配置产业资源，推动区域间资源要素的高效流动和协同发展，能够全面激发区域经济内生动力，以现代化产业项目建设"星星之火"，助燃辽宁区域协调发展"燎原之势"。政府相关部门应借鉴浙江省发展"块状经济"的成功经验，结合辽宁"46922+X"现代化产业体系建设总体要求，充分发挥重大环保技术装备、农产品（精）深加工、高端智能农机装备、高端能源装备等现代化产业项目对着力壮大县域富民产业的带动作用，为相关地区注入现代化产业发展新动能，创造更多就业岗位，吸引人口回流，促进区域经济可持续发展。同时，强化"双链长制"引领作用。发挥"双链长制"在产业链与供应链间的协调作用，促进区域间技术、资金等发展要素的有序流动，提升区域资源配置效率和协同发展水平。

二是建立健全辽宁现代化产业体系有序发展的功能性政策保障体系。以"兼顾公平普惠与发展速度"为导向，健全支持制造业主导的资源要素配置新机制，降低企业制度性交易成本，构建公平高效的营商环境。广东省在加快现代化产业体系建设中积累了典型经验，特别是在土地、劳动力、资本、技术、数据等发展要素的市场化改革方面，为辽宁省提供了有益借鉴。辽宁应结合自身实际，以推进要素市场化改革为出发点，以营造对标"两种资源""两个市场"的公平竞争营商环境为着力点，以有效降低各类市场主体的制度性交易成本为落脚点，构建符合辽宁现代化产业体系建设内在需求的功能性政策保障体系。在此基础上，辽宁还应严格遵循"帕累托改进"原则，并正确处理好以长期与短期、整体与局部、公有制经济与非公经济、新兴产业与传统产业、大型企业与中小微企业为代表的新型"五大关系"。通过平衡和优化不同层面之间的关系，进一步明确辽宁现代化产业体系建设的发展方向，加快形成结构合理、竞争力强的产业发展格局。

6.4.2 推动不同区域文化产业融合化发展

辽宁应借鉴延安、遵义等地推动红色旅游融合发展的典型经验，充分挖掘红色"六地"资源中的独特文化优势，推动区域文化产业融合发展。以现代文化产业的创新性发展和创造性转化为突破口，打造省级文化产业融合示范基地，奋力实现高品质文体旅融合发展示范地的目标。为此，应加快推进以下工作：

一是建立完整的文化产业链，提高优质存量文化资源的利用效能。推动传统文化产业向数字化、沉浸化、高端化方向转型升级，能够进一步增强文化产品吸引力和市场竞争力。政府相关部门应深入挖掘辽宁红色"六地"资源中红色文化和工业文化的地方特色，以红色旅游和工业旅游为核心载体，开发和衍生多样化的文旅产品（详见专栏6-4）。充分运用数字技术手段如全息投影、球幕影院、AR、VR、AI等，打造"沉浸式互动体验"文旅产品，赋予非遗文化新的活力。另外，通过"文化+虚拟现实体验"

"文化+数字演艺""文化+文创消费""文化+数字娱乐""文化+微电影"等模式，丰富文化表达形式，增强文化产品吸引力。同时，利用博物馆展示、节庆表演、历史文化街区、主题空间等形式，进一步创新文化产业链内容，激发文化资源活力，打造具有创造力、多样化和开放性的创意城市环境[①]。

二是实施文化旅游重点产业链锻造行动。按照"补短板强弱项增优势，做强做大'链主'企业，加快发展链条企业，提升配套能力，优化产业生态"的总体思路，大力推进文旅产业链建设，制订重点产业链三年行动方案，着力打造一批千亿级、百亿级重点产业链，进而构建以头部企业为引领、产业链上下游协同发展的文化旅游产业体系，推动文化旅游产业高质量发展。一方面，强化"链主"企业引领作用。以"头部企业主导、骨干企业跟进、关联企业配套"为发展路径，重点培育一批如西安曲江文旅的全国一流文旅头部企业和知名项目品牌，扶持一批在细分领域具备核心竞争力的"瞪羚"企业和"隐形冠军"企业，打造具有行业影响力的企业梯队。另一方面，推动产业链延伸发展。依托省内重点企业，向文化产业链上下游延伸，聚焦创意设计、标准制定、高端研发等高附加值业务，推动文化旅游产业由劳动密集型向资本和技术密集型转型升级。同时，深度挖掘高端产业与新型服务潜力，推动产业由传统产品和服务供给向IP授权与品牌运作等高端消费领域拓展，形成文化产业发展新动能。

三是加快"商旅文体"融合发展。通过多领域深度融合创新，催生新兴文化消费模式，能够提升辽宁省文化产业整体价值链，增强区域文化辐射力和吸引力。政府相关部门应通过创新文化产品以及供给渠道和供给方式，催生新兴文化业态，激发文化消费新需求，全面提升文化产业与旅

---

① 徐紫东，刘怡君. 数字经济背景下文化产业链的构建与创新研究 [J]. 价格理论与实践，2021（11）：159-162；199.

游、科技、教育、制造、体育等领域的融合水平。一方面，打造民俗文化全景展示区。借鉴陕西省西安市大唐不夜城模式，创建集文化、艺术、娱乐、体验为一体的辽宁民俗文化全景展示区。通过深化文化与数字技术的融合，拓展沉浸式娱乐体验等新兴文化产业业态，发展以直播、网红经济为代表的新型互动手段，全面释放数字文化产业潜力，为文化产业注入创新动能。另一方面，建设全国领先的影视中心。学习长三角地区影视发展的先进经验，参照横店影视中心模式，打造兼具互联网科技和全产业链优势的影视创作中心。通过"出政策+搭平台+引凤凰"模式，建设全国知名的影视拍摄景地、红色题材影视拍摄基地、影视高校毕业生作品创作实践基地，以及短视频和网络剧生产聚集区。充分发挥影视IP对文旅产业的赋能作用，推进"文旅+影视"融合发展，吸引更多外地游客，扩大辽宁文化的辐射力和影响力。

专栏6-4 辽宁提升红色旅游资源利用效能的深度思考

● 进一步优化辽宁红色旅游战略性制度安排

一是加快建立辽宁红色旅游市际联席会议长效推进机制。提升红色旅游资源利用效能，应有效发挥辽宁资源禀赋优势、制度创新优势、产业比较优势，这将涉及制度层面、区域层面、产业层面、市场层面政策工具优化组合。

二是加快制定辽宁省红色资源保护传承相关规定。辽宁应学习四川、陕西、湖南等拥有丰富红色资源省份的通行做法，加快制定辽宁省红色资源保护传承相关规定，在经费投入、运行机制、制度安排等方面，建立建全功能性政策保障体系。

● 支持打造高水平红色旅游廊道发展新模式

一是以"中东铁路+自然景观+美丽乡村+冰雪经济"为核心，打造辽宁高水平红色旅游廊道发展新模式。例如，可通过举办中东铁路（蒸汽机车）

文化节、中东铁路（红色文化）创新发展论坛等方式，将中东铁路的元素用好用活；有效利用北京—莫斯科、北京—平壤两趟国际列车途径辽宁的便利条件，适时开通沈阳—平壤、沈阳—海参崴（贝加尔湖）跨境红色旅游铁路专线。

二是尽快补齐"一核、三片、四廊、多点"红色旅游廊道城市在交通基础设施方面的突出短板。辽宁可以利用省旅游发展专项资金、省级非物质文化遗产保护等专项资金，尽快补齐抚顺三块石抗联遗址、本溪抗联遗址群等在公铁联运交通基础设施方面的短板。

● 构建辽宁"3+X"红色旅游创新生态系统

加快构建辽宁"3+X"红色旅游产学研创新生态系统。重点围绕红色旅游在产业融合、区域融合、文化融合、业态融合等重点方向，开展先行先试。例如，可将以东北财经大学为代表性的地方大学，以辽宁省旅游协会为代表的省级旅游协会，以辽宁旅游集团为代表的龙头企业，纳入辽宁红色旅游产学研创新生态系统。

● 支持将"红色之旅、研学之旅、文化之旅、振兴之旅"打造成为辽宁红色旅游品牌的新载体

一是支持将塑造红色旅游品牌战略定位与研学实践、工业旅游等新兴目标市场开发深度融合。在巩固辽宁红色旅游传统目标市场基础上，围绕"红色之旅、研学之旅、文化之旅、振兴之旅"的品牌定位，支持红色旅游景区及旅游企业开发"一市一景、一县一品"差异化的旅游产品。

二是切实加强"红色之旅、研学之旅、文化之旅、振兴之旅"的宣传力度。可以在京沈高速（G1）、大广高速（G45）等外省进入辽宁省高速沿途收费口、服务区，设立辽宁红色旅游自驾体验区。同时，通过构建"成本共担、利益共享"机制，支持在沈阳铁路局所辖沈阳站、丹东站、抚顺站、锦州站等，设立"沉浸式"红色旅游品牌宣传区。此外，还应支持在沈阳（北）站始发管内及跨局开行至北京、上海、广州、厦

门等重点旅游客源地的普速（高铁）旅客列车上，通过公益性列车冠名、发售文创产品、列车车厢涂装等方式，对辽宁红色旅游品牌进行全方位宣传。

三是支持大力发展"沉浸式"红色文化演出。有效发挥辽宁交响乐团等官方文化演出机构导向作用，将东北二人转、大秧歌等具有鲜明地域特色的非物质文化遗产元素纳入红色旅游节目创作中，进一步彰显辽宁红色旅游品牌影响力。

6.4.3 提升不同区域农业协同化发展水平

辽宁作为全国13个粮食主产省之一，一直是国内畜牧业、渔业、优质水果等优质特色农产品的重要产区和出口基地。在现代化产业体系建设中，辽宁锚定打造"现代化大农业发展先行地"目标定位，进一步推动不同区域农业协同发展，提升农业综合竞争力。山东省作为农业大省，其传统农业向现代农业转型升级的经验，尤其是在科技进步和政策支持方面的实践，值得辽宁学习借鉴。为此，应加快推进以下工作：

一是增强粮食综合生产能力。严格守住耕地红线，加快划定永久基本农田，全面推进农田水利、土地整治、中低产田改造和高标准农田建设，加强粮食等大宗农产品主产区建设，探索建立粮食生产功能区和重要农产品生产保护区。深入实施"藏粮于地、藏粮于技"战略，启动全省高标准农田建设规划，全面落实国家千亿斤粮食产能建设规划，在粮食主产大县建成一批优质高效粮食生产基地。同时，要扩大粮食高产创建规模，深化绿色增产模式攻关，推广良种良法配套、农机农艺融合等综合技术，持续增强粮食等重要农产品供给保障能力。力争打造一批具有示范效应的"吨粮市""吨粮县"和"吨半粮乡"，为保障国家粮食安全作出更大贡献。

二是深入推进农业结构调整。优化农业生产布局，坚持协调发展，统筹推进粮经饲协调、农林牧渔结合、种养加一体和一二三产业融合发展。大力发展高效特色农业，做优做强地方特色产业，提升产业竞争力。集中建设一批果品、瓜菜、海鲜等标准化生产示范基地，支持培育地方名特优新农产品生产基地，加快制定落实樱桃、海参等特色产业发展规划，加快形成区域特色鲜明、产业效益显著的现代农业发展新格局。

三是加快发展农林产品精深加工业。延长农业产业链，能够提升产品附加值，促进农业转型升级，为乡村产业振兴注入新动能。政府相关部门应开展农产品加工业示范县（市、区）、示范园区和示范企业创建活动，引导农产品加工业向主产区、优势产区、特色产区、重点销区及关键物流节点有序梯度转移，构建加工引领生产、加工带动消费的发展格局。优化农产品初加工，扩大产地初加工补助资金的规模和覆盖范围。强化农产品精深加工，实施农产品加工技术服务平台建设项目，支持龙头企业进行加工设备改造升级，建设一批农产品加工技术集成基地。探索开展农产品及加工副产物综合利用试点，推动副产物循环利用、高值化开发和废弃物梯次利用，提高加工转化增值率，全面提升农林产品精深加工业的综合效益。

四是积极发展农业适度规模经营。推动农业经营模式从分散低效向规模集约转型，能够提高农业生产效率和土地利用率。政府相关部门应坚持创新发展，提升农业经营的集约化、规模化、组织化、社会化、产业化和标准化水平。扎实推进农村土地承包经营权确权登记颁证工作，为适度规模经营提供基础保障，稳步提高全省承包土地的规模化经营水平。通过财政奖补等措施，扶持发展多种形式的适度规模经营，依法推进土地经营权有序流转。有条件的地区可根据农民意愿，统一连片整理耕地，扩大耕地面积，提高机械化作业水平。鼓励各类农业经营主体创新合作模式，实现标准化、规模化生产，提升农业生产效率和竞争力。

五是推进农村一二三产业融合发展。扎实推进农村一二三产业融合试点工作，全面开展农村产业融合发展"百县千乡万村"试点示范工程。依托农业龙头企业延伸产业链条、完善供应链体系，打造有机衔接的全产业链，推动一二三产业深度融合、协同发展，提升农村产业经济的整体竞争力，推进乡村全面振兴。扩大现代农牧业发展基金规模，落实省技改资金项目和联农带农财政奖补等政策，重点扶持农业产业化龙头企业，培育壮大农业产业化组织，不断夯实农村产业融合发展的基础，增强农村经济活力。

6.4.4 发挥现代服务业的产业联动效应

现代服务业是现代化产业体系的重要支撑。辽宁应依托沈阳市服务业扩大开放综合试点的先发优势，紧密围绕"46922+X"现代化产业体系发展方向，重点发展生产性服务业，努力培育国家服务型制造示范企业。为此，应加快推进以下工作：

一是深化现代物流与先进制造业高效融合发展。构建智能化、绿色化的供应链网络，提高资源配置效率，能够有效促进产业链上下游协同发展和竞争力提升[①]。政府相关部门应优化供应链管理，提升信息、物料、资金和产品等资源配置效率，推动设计、采购、制造、销售、消费等环节的信息流转与流程再造，构建高效协同、弹性安全、绿色可持续的智慧供应链网络。以"互联网+物流"为方向，推进物流供应链资源的实时整合，引导大型流通企业向供应链集成服务商转型。

二是加强重点物流枢纽建设。完善全省物流基础设施布局，提升区域物流转运效率和国际贸易通道功能，能够强化辽宁在全国物流网络中的枢纽地位。政府相关部门应加快大连港、营口港、锦州港、丹东港等物流枢纽基础设施建设，完善多式联运设施，提高转运一体化效率，形成内外联通、安全

---

① 巫强，姚雨秀. 企业数字化转型与供应链配置：集中化还是多元化 [J]. 中国工业经济，2023（8）：99-117.

高效的现代物流网络。

三是推动物流业降本增效。鼓励发展共享物流、共同配送、集中配送等新模式，推动物流行业全流程数字化、智能化发展，推广物流机器人、智能仓储、自动分拣等新技术装备的应用，全面提升物流服务质量和效率。

四是加强危化品物流智慧管控。推动全省化工产业链规范化、智能化发展，能够提高危化品运输的安全性和可控性。政府相关部门应支持沈阳化学工业园、大连大孤山化工园区、抚顺高新技术产业开发区等搭建危化品全生命周期监管平台。鼓励危化品物流企业及相关服务平台向制造企业提供仓储、运输全链条智慧管控服务，推动标准运载单元和标准共享托盘的研发与推广，加快海河联运船型标准化建设。

五是构建消费电子产业链融合发展生态体系。推动消费电子产业链延伸和生态系统优化，促进消费电子产品多元化发展，研发一批具有核心竞争力的智能化产品，构建"产品+内容+场景"的全链条生态体系，推动生活性服务业、传统零售业、健康养老等领域的数字化转型，进一步激发市场活力。

六是推广数字安防综合应用。数字化安防技术正在深入社会生活的各个领域，数字安防的综合应用能够提升城市治理效率、工业生产安全性和社会服务精准度，推动智慧城市和社会治理现代化建设。政府相关部门应支持数字安防产品在城市管理、社会治理、工业制造和民生服务等场景的深度应用，形成一批个性化解决方案，进一步发挥数字安防在提升社会治理现代化水平中的重要作用。

6.5　加快实施现代化产业体系倍增新计划

辽宁应以维护国家"五大安全"战略使命为导向，持续提升科创、土地、税收、人才等政策工具组合的精准性，进一步提升现代化产业体系的整体竞争力。

6.5.1 持续提升产业基础再造能力

产业基础能力的提升是推动产业基础高级化的必由之路，也是保障现代化产业体系先进性和安全性的关键支撑。为此，应加快推进以下工作：

一是聚焦共性技术和关键产品实现重点突破。在《产业基础创新发展目录（2021年版）》基础上，结合辽宁"46922+X"现代化产业体系创新发展的突出短板，依托国家冶金自动化工程技术研究中心沈阳分中心等国家级工程技术研究中心（详见表6-2），沈阳富创精密设备股份有限公司等国家级企业技术中心，以及辽宁省先进设计与制造产业共性技术创新平台等省级科技创新平台，集中攻克一批制约产业链发展的共性技术和关键产品，补齐产业链短板，增强产业链供应链韧性和竞争力，为推动现代化产业体系建设提供技术支撑。

表6-2　　　　　　　　　　辽宁省国家级工程技术研究中心

平台名称	依托单位	所属领域	所在地	批建时间
国家催化工程技术研究中心	中国科学院大连化学物理研究所	新材料	大连市	1993
国家中成药工程技术研究中心	辽宁华润本溪三药有限公司	生物医药	本溪市	1994
国家冶金自动化工程技术研究中心沈阳分中心	东北大学	装备制造	沈阳市	1997
国家电站燃烧工程技术研究中心	辽宁中电投电站燃烧工程技术研究中心有限公司	节能环保	沈阳市	1997

续表

平台名称	依托单位	所属领域	所在地	批建时间
国家金属腐蚀控制工程技术研究中心	中国科学院金属研究所	新材料	沈阳市	1996
国家数字化医学影像设备工程技术研究中心	东软集团股份有限公司	装备制造	沈阳市	2000
国家真空仪器装置工程技术研究中心	中国科学院沈阳科学仪器股份有限公司	装备制造	沈阳市	2000
国家稀土永磁电机工程技术研究中心	沈阳工业大学	装备制造	沈阳市	2002
国家金融安全及系统装备工程技术研究中心	聚龙股份有限公司（原辽宁聚龙金融设备股份有限公司）	装备制造	鞍山市	2009
国家大型轴承工程技术研究中心	瓦房店轴承集团有限责任公司	装备制造	大连市	2009
国家风电传动及控制工程技术研究中心	大连华锐重工集团股份有限公司	装备制造	大连市	2012
国家海洋食品工程技术研究中心	大连工业大学	农业	大连市	2013

资料来源：辽宁省科学技术厅。

二是推进产业技术基础体系建设。围绕提升产业基础能力的重点领域，支持行业骨干企业、制造业创新中心、产业创新服务综合体等主体建设产业质量技术基础服务平台、信息服务平台和工业大数据平台，涵盖试验验证、检验检测认证和标准制（修）订等功能，夯实质量基础设施，优化技术创新生态，助力产业基础能力的持续提升。

三是强化产业基础工艺水平提升。针对重点工艺环节，积极探索促进区域性工艺中心共建共享的有效模式，推动区域内资源高效整合，促进工艺技术协同创新，提升集群产业的基础工艺水平，助力辽宁现代化产业体系实现更高质量发展。

6.5.2 着重加强产业链供应链韧性

现代化产业体系建设要求产业链供应链具备维持稳定、自我修复、自我完善以及防范断裂的能力。新质生产力通过提高生产效率、重塑生产组织结构、促进技术创新等，推进产业强链、补链、延链，进而提升产业链供应链的韧性和安全水平，在现代化产业体系建设过程中发挥着重要引领作用（详见专栏6-5）。辽宁应根据"46922+X"现代化产业体系的建设思路，进一步增强产业链供应链的韧性，全面提升产业发展的安全性和稳健性，支撑以维护国家"五大安全"为导向的现代化产业体系建设。为此，应加快推进以下工作：

一是完善产业配套体系。产业配套体系的完善能够提升产业链上下游协同效率，优化资源配置，增强省内产业链的完整性和稳定性。政府相关部门应围绕主导产业链，加快建立全流程的产业配套体系，促进上下游企业在配套产业协作中的精准衔接。依托工业基础和电子制造等优势产业，强化省内供需对接，推动企业优先与省内企业实现配套协作，畅通省内供应链循环。

二是绘制核心产业链全景图。借鉴黑龙江省哈尔滨市"链长制"在增强航空航天、机器人及智能制造产业链韧性方面的经验，针对农林产品深加工、高端智能农机装备等重点领域，实施"一业一策"原则，系统绘制核心产业链全景图，明确产业链的结构、布局、应用方向及招商路径，精准识别产业链短板和发展重点，推动产业链向高附加值环节延伸。

三是加强产业配套装备发展。提升关键设备的本地供给能力，能够保障重点产业项目的设备需求，降低企业生产成本，提高产业链自主配套水平。政府相关部门应支持生产设备制造企业，重点发展产业配套装备和专用制造设备，优化省内企业生产服务体系，确保就近配套服务高效供给，为增强产业链韧性提供硬件保障。

四是发挥"链主"企业的引领作用。"链主"企业能够发挥带动效应，促进上下游企业集聚，形成规模效应，增强产业链韧性和区域经济竞争力[①]。政府相关部门应发挥益海嘉里、中联重科等"链主"企业的品牌、渠道和技术优势，开展定向招商，吸引相关上下游企业集聚，提升本地化配套率，增强产业链自主性与灵活性。

五是完善重点产业技术基础体系。产业链供应链技术保障能力的提高，能够支持企业实现技术迭代和质量提升，构建安全、高效、可持续的产业发展环境。政府相关部门应在重点领域建设试验验证、性能测试、计量检测和认证认可等公共服务平台，加强基础设施投入，提升产业园区承载力，全面满足企业生产运营需求，为产业链供应链的安全稳定提供强有力支撑。

专栏6-5 以新质生产力推动辽宁省现代化产业体系建设的政策举措

作为积极培育战略性新兴产业和未来产业的重要载体，现代化产业体系建设离不开新质生产力的重要支撑。一方面，现代化产业体系建设离不开以国企为代表公有制市场主体，以民企、外企为代表非公经济市场主体的重要支撑。辽宁应以新质生产力为引领，全面构建现代化产业体系分工协作新格局。在明确国企、民企、外企在产业层面的分工定位的基础上，支持以新质

---

① 邵云飞，陈燕萍，吴晓波，等. 从"研发"到"市场"：链主企业如何实现关键核心技术的商业化？[J]. 管理世界，2024，40（12）：19-43.

生产力为代表的创新资源向维护国家"五大安全"领域重点倾斜，让新质生产力带来的发展红利公平惠及各类市场主体。

另一方面，新质生产力能够不断促进产业体系融合化发展。新质生产力通过跨领域技术创新和应用，创造出全新的产品、服务与商业模式，推动产业深度融合和协同发展。辽宁应全力打造新质生产力推动现代化产业体系建设示范样本，围绕科技创新、企业培育、产业生态、场景拓展、国际合作等重点方向，通过"先行先试"的方式，积极探索新质生产力推动现代化产业体系建设的靶向路径和配套支持政策，进而推进全域创新。

6.5.3 加快实施"链主"企业培育工程

"链主"企业因其在产业链中具有突出的品牌影响力、技术先行力和市场主导力，对推动辽宁"46922+X"现代化产业体系建设具有重要意义。为此，应加快推进以下工作：

一是明确"链主"企业培育清单。根据企业的规模实力、创新能力、辐射带动力和发展潜力等指标，对先进装备制造业、石化和精细化工、冶金新材料、优质特色消费品工业4个万亿级产业基地，低空经济、冰雪经济、军民融合、激光与增材制造、服务型制造、现代物流、现代金融、数字与文化创意、深海科技等关联性产业集群中的"链主"企业进行系统梳理，形成辽宁"46922+X"现代化产业体系"链主"企业培育清单，系统识别重点企业的发展潜力和产业链带动作用，精准锁定具备引领能力的核心企业，为后续分类施策和资源配置奠定坚实基础。

二是实施分类培育计划。针对不同类型的"链主"企业因地制宜地提供政策支持，强化企业对产业链上下游的辐射带动能力。政府相关部门应针对不同类型的"链主"企业，按照行业特点和市场规模实施精准分类培育。一方面，制订制造业单项冠军、"隐形冠军"等适合大型先进制造业发展的培育计划；另一方面，制订"专精特新"企业、"瞪羚"企业、"小巨人"企业等符合中小型先进制造业发展方向的培育计划。同时，积极对接全球先进制造业"灯塔工厂"领先标准，实施未来"灯塔工厂"培育计划，发挥其在优化制造业生态体系和引领新型商业模式中的核心作用。通过精准培育、分类推进，"链主"企业将进一步强化对产业链上下游的带动能力，为建设具有完整性、先进性、安全性的辽宁现代化产业体系提供强有力支撑。

6.5.4　开展大数据产业市场主体扩容行动

市场主体扩容是通过盘活存量、发展增量，快速壮大大数据产业规模、形成产业集聚效应的重要举措。为此，应加快推进以下工作：

一是开展大数据产业全面摸底调查。通过摸底调查，能够全面掌握辽宁省大数据产业现状，明确发展瓶颈和潜力领域，为优化资源配置和科学决策提供重要依据，同时为延伸和强化产业链条奠定坚实基础。政府相关部门应对辽宁省大数据产业相关市场主体及产业链供应链情况进行系统性摸底调查，形成辽宁省大数据产业地图。依据产业地图，挖掘内生发展潜力，指导产业链精准布局。同时，依托"央地合作"机制，支持相关企业向大数据产业方向延伸发展，带动配套企业加速聚集，夯实产业基础，增强发展后劲。

二是制定大数据产业招商地图。通过绘制招商地图，能够精准锁定招商方向和重点企业，充分发挥辽宁的比较优势，吸引优质企业和高端项目落地，支撑以维护国家"五大安全"为导向的现代化产业体系建设。政府相关部门应根据全面摸底调查结果绘制大数据产业招商地图，突出辽宁在区位禀赋、制度先行、营商环境等方面的比较优势，实施精准化、点对点的对外定向招商。对大数据产业链供应链具有重要影响力的重点招商对象，可在借鉴"飞地经济""飞地项目"等成熟经验的基础上，按照"一企一策"原则，制订招商惠企行动方案，进一步优化招商引资服务质量，促成优质企业落地。

后　记

　　为深入贯彻落实习近平总书记关于东北、辽宁全面振兴的重要讲话和指示批示精神，本人作为课题组组长承担了辽宁省2023年决策咨询和新型智库专项研究重大课题"关于进一步厘清我省产业发展方向，加快构建现代化产业体系的对策研究"。为高质量完成本课题研究任务，课题组先后赴省内外地区进行广泛调研，积极与相关政府部门、代表性行业协会商会、各类企业交流，从宏观政策层面、中观产业层面、微观市场主体层面，全方位探寻辽宁现代化产业体系建设面临的现实困境、问题根源及破解思路。同时，课题组召开了多次专家研讨会，在广泛征求各方意见的基础上，最终形成了课题研究报告。

　　本书基于该课题研究报告的基础上，经过进一步有针对性的补充调研和拓展完善，形成了最新研究成果。本书能够更为全面地反映以维护国家"五大安全"为战略导向的辽宁现代化产业体系建设的全貌、未来方向及具体思路。感谢我的研究团队成员朱力、谢寻、安怡宁、席浩男、段怡杰、仲妍、曹学义、刘熙桐、李奥在本书资料整理及相关内容撰写中所作的贡献。

　　最后，还要衷心感谢中共辽宁省委、辽宁省人民政府决策咨询委员会办公室的鼎力支持和东北财经大学出版社的热心指导，以及所有为本书修改完善提出建设性意见的专家和朋友。诚然，本书在资料整理和章节编撰过程中，受实地调研资源、写作时限等约束，难免出现疏漏和不足之处，在此敬请各位读者批评指正。我们诚挚地期待通过本书的出版，既能为辽宁省委、省政府全力擘画中国式现代化辽宁篇章提供决策参考，也能为国内其他省份现代化产业体系建设提供有益启示。

汪旭晖

2025 年 5 月